Ursula Dombrowsky

Wenn Steine erzählen

Begegnungen mit Heilsteinen für kleine und große Kinder

W0171198

NEUE ERDE

Warnhinweis: Bitte achten Sie darauf, daß Ihre kleinen Kinder die Steine nicht in den Mund nehmen!

Hinweis des Verlages

Die Angaben in diesem Buch sind nach bestem Wissen und Gewissen zusammengestellt, und die beschriebenen Heilwirkungen des Salzes wurden vielfach erprobt. Da Menschen aber unterschiedlich reagieren, können der Verlag und die Autoren im Einzelfall keine Garantie für die Wirksamkeit oder Unbedenklichkeit der Anwendungen übernehmen. Bei ernsthaften gesundheitlichen Beschwerden wenden Sie sich bitte an Ihren Arzt oder Heilpraktiker.

Stellungnahme des Verlages
Warum wir an der »alten« Rechtschreibung festhalten

Wir halten die »neue« Rechtschreibung für eine Fehlgeburt, und das konnte auch gar nicht anders sein, weil der Ansatz der Reformer war, das Schreiben einfacher zu machen. Wir als Verlag veröffentlichen unsere Bücher aber für Sie, liebe Leserin/lieber Leser – Sie sollen es als Leser einfach haben. Das Lesen und das Verständnis ist bei vielen Regeln der »alten« Rechtschreibung einfacher und klarer. (Denken Sie nur einmal, daß nach der neuen Rechtschreibung, zwei Autoren kein Buch mehr zusammenschreiben können, es hieße dann immer, sie hätten es zusammen geschrieben, auch wenn sie es zusammengeschrieben haben.) Im übrigen sind die neuen Regeln nun auch nicht eben frei von Widersprüchen. Auf Wunsch senden wir Ihnen gerne ein ausführliches Info mit den wichtigsten Ungereimtheiten am »Neuschrieb«.

2 3 4 5 6 7 14 13 12 11 10 09 08 07 06 05 04

Ursula Dombrowsky
Wenn Steine erzählen
Mit Fotos von Wolfgang Dengler, Ines Blersch,
Claire Herrmann, Karola Sieber und Dr. Werner Hahn
Copyright © Neue Erde GmbH, 2003
Alle Rechte vorbehalten.

Titelseite:
Foto: Ines Blersch
Gestaltung: Dragon Design
Satz und Typo: Dragon Design
Gesetzt aus der Goudy
Gesamtherstellung: Legoprint, Lavis

Printed in Italy

ISBN 3-89060-061-1

NEUE ERDE Verlag GmbH
Cecilienstr. 29 . D-66111 Saarbrücken
Deutschland . Planet Erde
info@neueerde.de . www.neueerde.de

Widmung

Gewidmet Amanda und Saskia, meinen beiden Töchtern, und allen Menschen, die mit uns die Faszination und Liebe zu den Steinen teilen. Dieses Buch ist insbesondere für Kinder gedacht.

Das Leben hält viele Überraschungen für dich bereit. Du bist nie alleine, denn zu jeder Zeit hast du liebevolle Begleiter um dich, die dich beschützen und umsorgen. Ich wünsche dir, daß du die Geborgenheit und Liebe spürst, die dich umhüllen, und du daraus die Kraft schöpfst, die du für dein Leben benötigst.

Inhalt

Die Entstehung

Hallo, ich bin der Bergkristall. Ich möchte dich einladen auf eine Reise durch die Welt der Steine. Unsere Mutter ist die Erde, der Vater Himmel und Sterne. Wir wachsen und entwickeln uns tief in der Erde, und wenn der Zeitpunkt für uns stimmt, so werden wir von euch Menschen geborgen. Weißt du, vorher findet ihr uns nicht. Manche von uns können diesen Zeitpunkt fast nicht erwarten und liegen bereits lose in der Kluft, manchmal sogar schon frei an der Erdoberfläche. Anderen fällt es eher schwer, sich aus der Geborgenheit der Erde zu lösen. Sie halten sich fest und möchten nicht weg. Du siehst also, es geht uns ähnlich wie euch Menschen, der größte Unterschied zwischen uns ist lediglich die Länge unserer Verweildauer hier auf Erden.

Abb. 1: Unsere Mutter ist die Erde, der Vater Himmel und Sterne

Alles hat einen Anfang, eine Mitte und ein Ende. So auch wir Steine. Nichts bleibt gleich, aber es geht nichts verloren. Es gibt Steine unter uns, die direkt aus dem heißen Magma, der flüssigen Lava wachsen. Das ist so ähnlich, wie wenn Wasser zu Eis wird. Manche dieser Steine sind sehr fest. Doch auch Steine altern und können zerbrechen. Du hast vielleicht schon von einem Bergsturz gehört. Das ist eine sehr große Veränderung, die ihr auf zum Teil erschreckende Weise erlebt. Etwas Ähnliches geschieht aber auch im kleinen, unter deinen Füßen, wo Regen, Wind und Wetter das Gestein auflösen – dies nennt man »Verwitterung«. Auch das ist wichtig, denn durch diese Veränderung können wieder neue Steine entstehen. Steine, die durch unsere Umwelt geformt sind.

Die Erde lebt auf ihre eigene Art. Sie bewegt sich, das ist dann als Erdbeben zu spüren. Dabei werden Erdplatten übereinander geschoben. Es entsteht ein gewaltiger Druck und eine enorme Hitze (probiere mit ein paar Freunden einmal aus und fühle, wie es ist, wenn ihr euch übereinander legt). Da wird nur der Stein bestehen bleiben, der standhalten kann, und es werden neue Steine entstehen, die sich in so strapazierfähigem Umfeld wohl fühlen.

So wie wir Steine wachsen, so wirken wir: Wenn du nun in einer bestimmten Situation Hilfe brauchst, so kannst du dir überlegen, ob vielleicht gerade etwas ganz neues in deinem Leben begonnen hat. Wenn ja, dann nimm einen Stein, der direkt aus Magma oder Lava gewachsen ist. Diese Steine werden auch »primär« genannt, das bedeutet »die zuerst gebildeten«. Zu ihnen gehören Achat, Amazonit, Amethyst, Apophyllit, Aquamarin, Aventurin, Bergkristall, Chalcedon (gebändert), Chrysoberyll, Dumortierit, Epidot, Fluorit, Girasol, Larimar, Lepidolith, Morganit, Obsidian, Ozeanjaspis/Ozeanachat, Peridot, Purpurit, Pyrit (Grüppchen), Rosenquarz, Rutil, Sodalith, Sonnenstein und Turmalin.

Hast du aber Schwierigkeiten, die durch dein Umfeld, die Menschen und Dinge um dich herum ausgelöst werden, so wähle einen Stein, der durch Verwitterung entsteht. Diese Steine werden auch »sekundär« genannt, das bedeutet »die als zweites gebildeten«. Azurit, Bernstein, Calcit, Chalcedon, Chrysokoll, Covellin, Kupfer, Malachit, viele Opale und die schönen Pyrit-Würfel entstehen so.

Manchmal mußt du auch prüfen, ob jemand oder etwas wirklich zu dir gehört. Ob du etwas behalten oder loslassen oder verändern willst. Bist du da um Hilfe froh, so wähle einen Stein, der unter Druck und Hitze entstanden ist. Diese Steine werden »tertiär« genannt, das bedeutet »die als drittes gebildeten«. Manchmal nennt man sie auch »metamorph«, das heißt »umgewandelt«. Solche metamorphen Steine sind Amazonit, Apatit, Aventurin, Chrysoberyll, Disthen, Epidot, Lapislazuli, Prasem, Pyrit-Sonnen, Rhodonit, Smaragd und Zoisit. Amazonit, Aventurin, Chrysoberyll und Epidot sind auch schon bei den primären Steinen genannt. Sie können auf beide Weisen entstehen.

Trag diese Steine einfach bei dir und du wirst sehen, wie vieles leichter geht. Manche Steine dieser Art findest du sogar auf dem Weg oder an einem Bach. Der gesprenkelte Granit oder der dunkle Basalt zum Beispiel sind primärer Entstehung. Sandstein, Tonschiefer und Kalk sind sekundärer Enstehung. Der gebänderte Gneis, der glitzernde Glimmerschiefer und der edle Marmor sind tertiärer Entstehung. Aber im Grunde entsteht jeder Stein auf eine der drei Weisen. Wenn du es oben aufmerksam gelesen hast, weißt du, daß ich als klarer Bergkristall zum Beispiel primärer Natur bin.

Abb. 2: Granit, Gneis und Sandstein

Die Kristallstruktur

Ihr Menschen seid Forscher: Das ist gut so, solange ihr dabei das Wichtigste nicht vergeßt: »Ihr seid hier, um zu leben.« Alles auseinanderzunehmen, um es genau zu betrachten, kann Spaß machen, aber der Zusammenhang, das »große Ganze«, macht es aus. Wir sind alle miteinander verbunden. Was jemand entdeckt, kann auch für andere nützlich sein. So wurde zum Beispiel durch Beobachten und Besprechen erkannt, daß wir Steine nicht bei allen Menschen gleiche Wirkung zeigen. Doch woran das liegt, blieb lange ein Rätsel. Erst vor fünfzehn Jahren habt ihr herausgefunden, daß die verschiedenen Kristallstrukturen der Grund dafür sind.

Was sind Kristallstrukturen? Durch ein kleines Mißgeschick wurde euch schon vor zweihundert Jahren etwas Faszinierendes enthüllt. Ein Calcit fiel zu Boden und zersprang in lauter gleiche Stücke. Dadurch habt ihr entdeckt, daß wir Steine aus vielen, vielen genau gleichen Stückchen aufgebaut sind. Das nennt man ein Kristallgitter. Diese Kristallgitter können aus sieben verschiedenen Formen bestehen: aus Quadraten, Sechsecken, Dreiecken, Rechtecken, Rauten, Parallelogrammen und Trapezen. Fast jeder Stein entscheidet sich in seinem Wachstum für eine dieser Kristallstrukturen, die ihm eine innere Ordnung gibt. Nur ein paar wenige, die oft sehr schnell entstehen (für unsere Verhältnisse), haben keine Zeit, sich eine Struktur zu wählen. Sie bleiben ungeordnet und werden »amorph« genannt.

Diesen Kristallstrukturen haben eure Forscher bestimmte Namen gegeben und Menschen, die mit uns Steinen heilen, haben ihren Charakter erspürt. So wie die Kristallstrukturen uns Steine verschieden formen und ordnen, so seid auch ihr Menschen in eurem Denken, Reden und Tun verschieden. Helfen und heilen können wir Steine euch daher am besten, wenn unsere Art und Weise zusammenpaßt. Welcher Stein zu welchem Menschen paßt, ist im Nachfolgenden beschrieben.

Ganz oft nehmt ihr Menschen ohne nachzudenken schon die richtigen von uns in die Hand. Ihr spürt, wer zu euch paßt, auch wenn ihr das gar nicht bemerkt. Aber es kann auch nützlich sein, über unsere Strukturen Bescheid zu wissen. Dann fällt es leichter, den Stein zu finden, den du jetzt gerade brauchst. Jede unserer Strukturen entspricht einer bestimmten Gabe bei euch Menschen. Diese Gaben sind wichtig, doch wenn ihr es damit übertreibt, kann es auch Probleme geben. Wir Steine helfen euch, das richtige Maß zu finden. Wo euch eine bestimmte Gabe fehlt, helfen wir euch, zu lernen und diese Gabe zu entwickeln. Wenn ihr es damit übertreibt, helfen wir euch, euch zu zügeln, loszulassen oder besser damit umzugehen.

Abb. 3: Die acht Formen

Kubisch (Quadrat) / Ordnungsliebe

Es gibt Steine unter uns, die ein »kubisches Kristallgitter« haben, das aus vielen Quadraten aufgebaut ist. Diese bringen euch die Gabe der Sicherheit, Ordnungsliebe und Verläßlichkeit. Ihr Menschen greift besonders gerne zu diesen Steinen, wenn ihr das Gleichmaß liebt und mehr Wert auf Beständigkeit legt als auf Änderungen. Dann geben diese Steine euch Geborgenheit. Wenn ihr es jedoch übertreibt, stur, unflexibel und rechthaberisch werdet und euch nicht anpassen könnt, dann helfen sie euch, lockerer zu sein, zwar ordentlich zu bleiben, aber nicht alles so genau zu nehmen. Zu diesen kubischen Steinen zählen Fluorit, Kupfer, Lapislazuli, Pyrit und Sodalith.

 Hexagonal (Sechseck)/Einschränkung

Manche Steine besitzen ein Kristallgitter wie eine Bienenwabe. Es besteht aus vielen aneinanderliegenden Sechsecken. Diese Steine passen gut zu Menschen, die wissen, was sie wollen. Menschen, die ihr Ziel klar vor Augen haben und auch beständig daran bleiben. Diese Menschen können sich sehr gut einschränken und auf alles verzichten, das sie hindert, an ihr Ziel zu gelangen. Die hexagonalen Steine helfen euch, möglichst schnell und ohne Ablenkung zu erreichen, was ihr euch vorgenommen habt. Doch sie helfen euch auch, wenn ihr es damit übertreibt und nicht merkt, wann es genug ist und ihr erschöpft seid. Dann zeigen sie euch die richtige Geschwindigkeit, mit der es euch auf Dauer gut geht. Hexagonale Steine sind Apatit, Aquamarin, Covellin, Morganit und Smaragd.

 Trigonal (Dreieck)/Beständigkeit

Als Bergkristall habe ich ein trigonales Kristallgitter, das aus lauter Dreiecken besteht. Laß dich nicht von meiner sechseckigen äußeren Form täuschen! In meinem Inneren bestehe ich aus vielen kleinen dreieckigen Einheiten. Wir trigonalen Steine sind gut für alle Praktiker unter euch. Wir helfen euch, alles in die Tat umzusetzen, und zwar so einfach wie möglich! Unser Motto lautet: »Wenig Aufwand – guter Erfolg!« Wir passen sehr gut zu Menschen, die mit wenig zufrieden sind und andere ihr eigenes Leben leben lassen. Menschen, die einfach leben und nicht unbedingt alles Mögliche brauchen. Einfach zufrieden. Doch auch wenn wir für Beständigkeit stehen, so bringen wir euch doch in Trab, wenn ihr zu faul und bequem werdet, wenn ihr lieber vor dem Fernseher sitzt, als etwas zu tun, und allem Schwierigen und Unangenehmen lieber aus dem Weg geht. Das dulden wir nicht, denn wie heißt es so schön: Erst die Arbeit, dann das Vergnügen! – Und es gibt viele von uns: Achat, Amethyst, Aventurin, Bergkristall, Calcit, Chalcedon, Ozeanjaspis, Prasem, Rosenquarz, Turmalin und noch einige mehr...

▭ Tetragonal (Rechteck)/Trennung

Tetragonale Steine bestehen aus vielen rechteckigen Einheiten, wie kleinen Quadern oder Ziegeln. Vor allem Menschen mit einer sehr raschen Auffassungsgabe greifen gerne zu ihnen. Tetragonale Steine passen gut zu euch, wenn ihr sehr spontan auf Änderungen reagieren könnt und immer nach Neuem strebt, wenn ihr gut argumentieren und sehr gut verschiedene Dinge voneinander trennen könnt. Doch wenn ihr euch selbst zu sehr abtrennt von allem anderen und einsam werdet – als würdet ihr aus den rechteckigen Quadern Mauern um euch bauen – dann helfen die tetragonalen Steine, nicht länger etwas vorzuspielen, das gar nicht stimmt, sondern sich wieder offen und ehrlich zu zeigen. Diese Steine machen den Verstand sehr klar und erleichtern zugleich, schnell aus dem Bauch heraus zu handeln. Es gibt nur wenige davon, in diesem Buch werdet ihr dem Apophyllit und dem Rutil begegnen.

Rhombisch (Raute) / Verbindung

Rhombische Steine haben ein Kristallgitter aus Rauten. Vor allem Menschen, denen ihre Familie, ihre Freunde und ihre Kameraden sehr wichtig sind, haben oft mit diesen Steinen zu tun. Mit rhombischen Steinen könnt ihr euch gut für andere einsetzen und es fällt leichter, nicht immer im Mittelpunkt zu stehen, sondern eher im Hintergrund fleißig zu sein. Dabei kann es natürlich geschehen, daß man oft übersehen wird. Auch dann, wenn euch das unglücklich macht, so daß ihr irgendwann eure eigene Hilfsbereitschaft satt habt und am liebsten nur noch ausbrechen und abhauen wollt, können rhombische Steine euch helfen. Sie unterstützen euch, nicht vom Wohl und der Anerkennung anderer abhängig zu sein, sondern das im Leben zu finden, das euch glücklich macht. Hilfsbereitschaft ist etwas Gutes, solange man sich dabei nicht selbst vergißt. Zu den rhombischen Steinen gehören Chrysoberyll, Dumortierit, Peridot, Purpurit und Zoisit.

Monoklin (Parallelogramm) / Veränderung

Das Kristallgitter monokliner Steine besteht aus Parallelogrammen, das sind diese verschobenen, spitzen Vierecke. Monokline Steine wachsen daher nicht gerade, sondern haben immer einen schiefen Winkel. Daher werden vor allem Menschen zu ihnen hingezogen, deren Weg im Leben auch selten gerade verläuft. Menschen, bei denen es wenig Beständiges im Leben gibt, wo kein Tag gleich ist, und denen es manchmal schwer fällt, sich ein festes Bild von der Zukunft zu machen. Hast du das auch schon erlebt, daß du dich nicht entscheiden konntest zwischen zwei oder mehr Sachen? Daß du auf beiden Seiten ähnliche Vorteile oder Nachteile gesehen hast? Dann muß man manchmal möglichst schnell und aus dem Gefühl heraus wählen! Genau dabei helfen die monoklinen Steine. Sie fördern die Intuition und helfen in Zeiten, in denen die eigene Selbstsicherheit nicht so groß ist. Auf der anderen

Seite sind sie auch dann nützlich, wenn es zu wenig Veränderung im Leben gibt. Wenn alles zum Stillstand kommt und langweilig wird. Dann wecken oder rütteln sie euch auf, bringen euch in Schwung und stärken eure Abenteuerlust. Monokline Steine sind Azurit, Chrysokoll, Epidot, Lepidolith und Malachit.

Triklin (Trapez) / Offenheit

Das Kristallgitter trikliner Steine besteht aus Trapezen. Um Trapeze in eine Reihe zu bekommen, muß man jedes zweite auf den Kopf stellen. So geht es auch vielen Menschen, die gerne zu triklinen Steinen greifen. Sie haben das Gefühl, daß in ihrem Leben immer wieder alles »kopfsteht«. Wenn ihr starke Stimmungsschwankungen habt und ohne äußeren Anlaß plötzlich etwas vollkommen anderes empfindet, bringen trikline Steine euch Ruhe und Frieden. Auf der anderen Seite helfen sie, mehr aus dem Bauch heraus zu leben. Hast du ein gutes Zeitgefühl? Oder kennst du auch Tage, an denen die Zeit rasend schnell vergeht – während sie an anderen im Zeitlupentempo kriecht? Ein solches Erleben ist typisch triklin. Trikline Steine ermöglichen euch, dieses Gespür deutlicher wahrzunehmen, bis ihr sogar Dinge vorausahnen könnt, die euch noch gar nicht bekannt sind. Sie machen euch offener, doch wenn es zuviel wird und ihr euch dadurch überfordert fühlt, sind trikline Steine zugleich ein guter Schutz. Zu ihnen zählen Amazonit, Disthen, Larimar, Rhodonit und Sonnenstein.

Amorph (strukturlos) / Freiheit

Amorphe Steine besitzen keine innere Struktur. Ihre Zusammensetzung ist wie ein freies Spiel der Stoffe. Sie passen gut zu Menschen, die ganz im Augenblick leben und spontan immer das tun, was ihnen in den Sinn kommt. Das fällt manchmal gar nicht auf, denn freiwillig können diese Menschen schon ordentlich und beständig sein. Aber nur freiwillig, wenn sie es selbst so wollen! Es sind Freigeister, manchmal etwas schusselig, aber auch sehr lebenslustig. Die amorphen Steine helfen euch, diesen Sinn für Freiheit zu wahren und zu leben. Sie bringen viele Ideen und Einfälle. Doch ein Zuviel davon kann zum Chaos werden. Alles anzufangen und nichts zu beenden, kann dann eher belastend sein. Doch auch in diesen Fällen sind amorphe Steine eine Hilfe für euch. Zu ihnen gehören Bernstein, Moldavit, Obsidian und Opal. Girasol hat amorphe und trigonale Anteile in sich.

Du siehst also, diese acht Strukturen haben bestimmte Eigenschaften, aber immer zwei Seiten. Wir Steine helfen euch, wenn euch eine bestimmte Eigenschaft fehlt oder wenn ihr es damit übertreibt. Unsere Botschaft ist die Ausgeglichenheit, das richtige Maß. Dadurch können wir vieles in Ordnung bringen und euch sogar bei Krankheiten helfen, schneller wieder gesund zu werden. Wenn du dich krank, unwohl oder unzufrieden fühlst, dann suche dir einen Stein mit der Struktur, die am besten zu dir paßt. Dann findest du leichter deine Ordnung wieder und es geht dir wieder gut.

Erkennst du dich in mehr als nur einer Struktur wieder? Das ist durchaus richtig so, du hast Zugang zu allem. In deinem Leben kannst du, wenn du es möchtest, alles erfahren und ausleben! Wenn es dir gut geht, kannst du jeden von uns auswählen und mit uns etwas erleben und von uns lernen. Wir sind einfach da und warten auf dich. Das können wir Steine sehr gut.

Abb. 4: Steinen etwas Gutes tun

Reinigung von Steinen

Nun noch etwas Wichtiges:

Wir Steine begleiten dich gerne. Wie du werden wir mit der Zeit etwas schmutzig. Wir lieben aber die Sauberkeit. Deshalb finden wir es sehr nett, wenn du uns pflegst. Du übernimmst von dem Moment an, wo du einen von uns zu dir nimmst, die Verantwortung. Es ist schön, wenn du uns Achtung und Liebe entgegenbringst. Frag doch deinen Stein ab und zu was er braucht, um sich wohl zu fühlen.

Vielleicht möchte er mit Wasser abgespült werden oder an die Sonne gelegt werden. Eine spezielle Pflege ist es, wenn du deinen Stein auf eine Amethystdruse legst. Das ist für ihn Erholung, wie Ferien. Hast du auch schon einmal einen Stein verlegt und ihn eine Zeit lang nicht gefunden, oder ihn ganz verloren? Wir Steine brauchen zwischendurch eine Pause. Wenn du sie uns gewährst, so müssen wir uns nicht verlieren oder verlegen lassen.

Wie ich dir am Anfang erklärt habe, unterliegen auch wir Steine der Veränderung. Nun kann es vorkommen, daß sich einer von uns bei dir umwandelt. Das heißt, daß er plötzlich nicht mehr so glänzt oder du spürst, wie seine Kraft nachläßt. Es kann auch sein, daß dir ein Stein aus den Händen fällt und kaputt geht. In solchen Fällen hast du verschiedene Möglichkeiten:

- Lege den Stein oder die Stücke davon zu deinen Pflanzen (die haben übrigens auch Freude an Steinen).
- Du kannst dich vom Stein verabschieden und ihn irgendwo in der Natur beerdigen; Mutter Erde nimmt ihn wieder auf und hilft ihm.
- Manche möchten auch gerne zurück zu anderen Kieseln in einem munter fließenden, klaren Bach.
- Und vielleicht spürst oder weißt du auch selbst etwas, das du für deinen Stein tun kannst.

Die Auswahl der Steine
und ihre Anwendungsmöglichkeiten

Welche Möglichkeiten hast du um Steine auszuwählen?

- Nun, du hast sicher schon Steine ausgesucht, die dir gefallen haben, das heißt, du hast über das **Auge** ausgesucht.
- Eine weitere Möglichkeit besteht, indem du mit den Händen über die Steine fährst und spürst, welcher Stein zu dir kommen möchte. Die Wahl über das **Fühlen**.
- Dann kannst du natürlich einen Stein auswählen, der dir von der Beschreibung her gefällt, also über die **Worte**.
- Und du kannst dir eine Zahl ausdenken und dann bei irgendeinem Stein beginnen, abzuzählen. Das fällt dann unter den **Zufall** (es fällt dir zu).

Möglicherweise entdeckst du große Unterschiede bei Steinen, die auf verschiedene Weise ausgewählt wurden. Vielleicht gefällt dem Auge nicht, was sich in der Hand gut anfühlt. Oder die Beschreibung, d. h. die Worte über den Stein, den der Zufall zu dir führt, sagen dir gar nichts. Dann nimm uns trotzdem zu dir und lerne uns kennen, denn das Auge sieht manchmal nur die Oberfläche und die Hand spürt tiefer. Und alle Beschreibungen sind Erfahrungen anderer Menschen mit uns. Doch möglicherweise erfährst du ganz neue Dinge, wie noch kein anderer vor dir! Denn so viel kann ich schon sagen: Wir Steine haben noch keinem Menschen alles über uns verraten! Doch wir erzählen dir gerne und viel, wenn du uns zuhörst und gut mit uns umgehst.

Du kannst Steine für dich selbst auswählen oder aber für jemand Anderen. Wenn du zum Beispiel für einen Freund, eine Freundin, Geschwister oder Eltern einen Stein auswählen möchtest, dann stelle dir die Person vor und dann wähle spontan den Stein aus, den du als erstes wahrnimmst.

Eine weitere Möglichkeit ist auch, den Stein zu dir zu nehmen, der dir im Moment am wenigsten oder gar nicht gefällt. Es gibt dabei erstaunlich gute Reaktionen mit diesen Steinen, probiere es doch einmal aus. Auch wir Steine sind oft ganz anders, als der erste Eindruck vermuten läßt!

Wie kannst du deine Steine anwenden:

- Zum einen kannst du bei Krankheiten (siehe die Kinderapotheke) den Stein auflegen, am besten da, wo es dir im Moment nicht so gut geht.
- Du kannst den Stein mit ins Bett nehmen.
- Du kannst den Stein auf deinem Körper mit Heftpflaster aufkleben, in die Hosentasche stecken, in den Händen halten oder an deinem Lieblingsplatz aufstellen.
- Du kannst den Stein in einem Beutelchen umhängen.
- Mit deinen Steinen kannst du dein persönliches Bild oder Mandala legen.
- Du kannst Meditationen mit den Steinen ausprobieren
- Und das Wichtigste: Du kannst alles tun, was dir selbst noch dazu einfällt.

Abb. 5: Schau, was der Stein dir sagt!

Die Kinderapotheke

Achat, Aventurin*	Einschlafschwierigkeiten
Amethyst	Kummer, Trauer, Ängste
Apatit*	Müdigkeit und schlechter Appetit
Apophyllit	Atemprobleme, Asthma
Aquamarin*	Atemprobleme, Allergien, Heuschnupfen
Bergkristall	Fieber (senkend), mangelnde Aufmerksamkeit
Calcit*	Wachstumsschmerzen, langsames Wachstum
Chalcedon	Schwierigkeiten beim Vortragen oder Vorsingen
Chrysoberyll, Fluorit	Lernschwierigkeiten
Chrysokoll	Zu viel Streit, Wut, Ärger und Zorn
Dumortierit, Bernstein	Übelkeit, Erbrechen
Epidot*	Krankheitsanfälligkeit, Erholung nach Krankheiten
Heliotrop*	Erkältungen, Grippe, Ohrenschmerzen
Lapislazuli	für Ehrlichkeit; hilft, sich etwas zu trauen
Lepidolith	Akne, Empfindlichkeit
Malachit	Krämpfe, Menstruationsbeschwerden
Moosachat*	starker Husten
Obsidian	schmerzstillend, wichtig nach Unfällen
Opal	Lebensfreude
Ozeanjaspis*	Erkältungen und Grippe
Prasem*	Sonnenschutz (zusätzlich zum üblichen Schutz)
Rhodonit*	Erste Hilfe bei Schnittverletzungen, Blutstillend, Wundheilstein
Sardonyx*	Ohrenschmerzen
Smaragd*	Schnupfen, Stirn- und Nebenhöhlenentzündungen

Entweder wird der Stein auf dem Körper mit Hilfe von Heftpflaster aufgeklebt, oder du kannst ihn in einem Netz oder dünnen Baumwollbeutelchen auf dem Körper tragen. Hautkontakt ist wünschenswert, lediglich Pyrit sollte nicht längere Zeit auf der Haut getragen werden. Er kann empfindliche Haut reizen.

* Bei den mit »Sternchen« gekennzeichneten Steinen kann auch ein Edelsteinwasser angesetzt werden, das heißt, der Stein wird über Nacht in Wasser eingelegt und am nächsten Tag wird die Flüssigkeit schluckweise getrunken. Der Prasem kann auch in eine Wasserflasche gegeben und das Wasser den ganzen Tag über getrunken werden.

KLEINER TIP FÜR ELTERN

Was mache ich, wenn ich keinen Stein zur Hand habe und sich mein Kind unwohl fühlt? Lindernd wirkt ruhige Berührung. Ist das Kind hektisch, so streichen Sie ruhig über den Rücken.

Als etwas sehr Wohltuendes hat sich auch das Spüren der Hände erwiesen. Dafür werden dem Kind beide Hände mit spürbarem Druck aufgelegt und es wird aufgefordert: »Spüre meine Hände!« Sobald das Kind die Berührung wahrnimmt und mitteilt, wird mit »o.k.« bestätigt. Dann wird eine neue Position eingenommen und die Aufforderung wiederholt, bis nach und nach der ganze Körper erspürt wurde. Das Auflegen, Spüren und Bestätigen lenkt das Bewußtsein wieder auf den Körper und die Selbstheilungskräfte werden aktiviert.

Steingeschichten

Meditation: Einführung

Die zwei nachfolgenden Meditationen sind dafür gedacht, daß du sie dir vorlesen läßt, oder daß du sie selbst laut durchliest und dabei auf eine Kassette aufnimmst. Du kannst diese Geschichten mit jedem dir beliebigen Stein ausprobieren, du wirst sicher viel dabei erleben.

Zur Vorbereitung: Suche dir einen Platz aus, wo du dich bequem hinsetzen oder legen kannst. Es sollte ein Ort sein, der ruhig ist und wo dich nichts ablenken kann (Radio, Telefon, Fernseher besser abschalten). Betrachte deine Steine und wähle einen Begleiter aus. Lege ihn neben dich an deinen Meditationsplatz.

Nimm dir genügend Zeit, lege oder setze dich hin. Während der Geschichte schließe deine Augen und lasse dich überraschen.

HINWEIS AN DIE ELTERN

Es ist schön, wenn Sie mit Ihren Kindern über das Erlebte sprechen. Kinder verhalten sich in einer Meditation auch nicht wie wir Erwachsenen. Das heißt, daß es durchaus vorkommt, daß Ihr Kind zappelt oder umherschaut und doch später von tiefen Erlebnissen erzählen kann.

Eine Reise ins Glück

Atme tief durch und beobachte deinen Atemrhythmus. Mit jedem Ausatmen lasse das Tagesgeschehen mehr und mehr los. Du wirst ganz ruhig und friedlich. Spüre deinen Körper, er ist ganz entspannt und kann im Moment die Ruhe genießen.

Du nimmst nun deinen Stein-Begleiter in die Hand und begrüßt ihn in Gedanken. Nimm Kontakt mit ihm auf und spüre ihn in deinen Händen. Wie fühlt er sich an?

Frage ihn, ob er dich auf eine Reise mitnimmt.

Du befindest dich auf einer wunderschönen Wiese. Sieh dich um und genieße die Farbenpracht. Spüre die wärmende Sonne. Du siehst einen Weg vor dir und es zieht dich in die Richtung der Berge. Leicht und beschwingt läufst du den Berg hoch. Da oben siehst du eine Höhle, sie scheint von innen heraus zu strahlen. Du stehst vor dem Eingang und eine tiefe Freude erfüllt dich. Du weißt, daß du am Ziel deiner Reise bist und die Erlaubnis bekommst – du darfst die Höhle betreten!

Im Inneren herrscht tiefer Frieden und du wirst von Geborgenheit umhüllt, so daß du dich ganz öffnen und einfach du selbst sein kannst. Ganz tief hinten siehst du deinen Stein-Begleiter. Er wartet auf dich, um dir deine ganz persönliche Botschaft zu geben. Viel Spaß beim Zuhören.

Nun ist es an der Zeit, sich zu verabschieden. Du darfst aber jederzeit wieder zu Besuch kommen.

Bedanke dich und gehe wieder den Weg zurück zur Wiese.

Du bist wieder in deinem Körper, spüre deine Hände, Füße und bewege sie leicht. Strecke dich, atme tief durch, gähne und öffne deine Augen. Willkommen im Hier und Jetzt.

Das Land der Fülle

Nimm dir für die nachfolgende Meditation einen Stein, der dir gefällt, und lege ihn dir auf die Stirn oder dein Herz. Diese Reise ist für dich gedacht, wenn du es manchmal schwer hast oder du dich unglücklich fühlst, wenn du nicht die Aufmerksamkeit bekommst, die du dir wünschst. Oder auch, wenn du Schwierigkeiten hast, Dinge zu teilen.

Also, lege dich so richtig bequem hin und lege dir deinen Stein auf den Körper.

Atme ganz ruhig ein und aus. Beobachte dich einfach. Mit jedem Einatmen wirst du ruhiger. Du kannst dich freuen, du wirst zu einer Reise eingeladen. Du befindest dich nun auf einer wunderschönen, farbenprächtigen Blumenwiese. Es riecht hier wunderbar, du drehst dich langsam um dich selbst und genießt diese schöne Landschaft. Die Sonne wärmt dich und du fühlst dich frei und offen.

Du siehst ein Wesen auf dich zukommen. Es strahlt ganz viel Liebe aus und du spürst, daß du von ihm beschützt wirst. Du erkennst das Wesen und ihr begrüßt euch herzlich. Es führt dich nun zu deinem Platz, er ist ganz alleine für dich bestimmt. Es ist wunderschön hier und es ist alles da, was du dir ersehnst. Du bist vielleicht überrascht, genau das zu sehen und zu spüren, was dir wichtig ist. Genieße den Moment.

Was ist das für ein Geräusch? Du hörst das Plätschern von Wasser. Du gehst darauf zu, vor dir liegt ein einladendes, natürliches Wasserbecken und von oben fließt Wasser hinein. Sieh nur, die Steine um dich herum sehen genau gleich aus wie der Stein, den du für diese Reise zu dir genommen hast. Das Wasser zieht dich an und du hältst zuerst einen Fuß hinein. Oh, das fühlt sich einfach gut an. Du steigst ganz ins Wasser und genießt es einfach. Wenn du magst, kannst du dich unter den kleinen Wasserfall begeben, das ist eine wunderbare Dusche, in der du deinen Kummer fortspülen darfst.

Du steigst aus dem Wasser und legst dich in die Sonne, um wieder trocken zu werden.

Hallo, das Wesen kommt auf dich zu und gibt dir ein Geschenk. Es hat deinen Schlüssel in den Händen und gibt ihn dir. Damit kannst du in dir eine Tür öffnen, und dahinter findest du alles, was du wirklich brauchst, damit es dir gut geht. Es ist Zeit, dich von hier zu verabschieden. Nimm die Liebe und Geborgenheit mit und lasse es dir gut gehen. Das Wesen begleitet dich zurück zur Blumenwiese und umarmt dich nochmals. Geh nun wieder ganz in deinen Körper, bewege dich und du bist wieder ganz da.

Die Begegnung mit weiteren Freunden

An dieser Stelle verabschiede ich, der Bergkristall, mich vorläufig von dir. Ich komme noch einmal kurz vorbei, um dir meine persönliche Botschaft zu bringen. Doch jetzt wollen dich noch viele meiner Brüder und Schwestern aus dem Reich der Steine kennenlernen, die alle etwas zu erzählen haben. Wenn du es hören magst, dann lies weiter. Vielleicht nach und nach, so daß du über unsere Botschaften nachdenken kannst. Unseretwegen brauchst du dich nicht zu eilen. Wir sind Steine. Wir haben Geduld und warten, bis du zu uns kommst.

ACHAT

Entstehung: primär
Kristallstruktur: trigonal
Farbe: graublau, braun, weiß, rosa, rot, gelb

Der Schutzmantel

Hallo, ich grüße dich, ich bin der Achat. Genauer könnte ich sagen, wir sind die Achate, denn uns gibt es in unzähligen und faszinierenden Variationen. Wenn du uns betrachtest, wirst du die unterschiedlichsten Bilder und auch Farben in uns finden. Wähle dir denjenigen von uns aus, der dir am besten gefällt. Nun, wo darf ich dir helfen?

Ich bin ein Begleiter für jeden Tag, und das seit dem Moment, als du beschlossen hast, auf die Erde zu kommen. Ich kann bereits ein Beschützer und Begleiter für ungeborene Babys sein. Es gibt sicher Momente in deinem Leben, wo dir ein schützender Umhang fehlt. Das sind die Zeiten, in denen ich dich gerne begleite. Mich findest du in der ganzen Welt, überall wo es eine Umhüllung gibt – und genau das mache ich auch gerne bei dir. Du hast die Möglichkeit, unter diesem Schutz stärker zu werden oder einfach stark zu sein. Ich verändere dich nicht, sondern gebe dir einfach den Raum dafür, damit du sein kannst, wer du bist.

◆

AMAZONIT

Entstehung: tertiär oder primär, selten sekundär
Kristallstruktur: triklin
Farbe: blaugrün, grün

Die Indigokinder

Hallo, ich grüße dich herzlich. Ihr kennt mich als Amazonit. Du bist in eine Zeit geboren, in der alles sehr schnell verläuft. Du bist selbst auf diese Geschwindigkeit eingestellt und das ist für dich genau richtig so. Weißt du, was für dich schon normal ist, das ist für die Erwachsenen noch eine Umstellung. Aber wie gesagt, du hast viel Energie zur Verfügung, deine Kreativität ist sehr vielfältig und alles um dich herum kann sich schnell umwandeln. Toll, daß du dieses Leben gewählt hast!

Nun gibt es sicher Momente, in denen du ausgebremst wirst, in denen die Strukturen und Regeln der Erwachsenen etwas anderes von dir verlangen. Das sind dann Zeiten, in denen du das Gefühl hast innerlich zu platzen, alles kribbelt in dir und du stellst alles Mögliche an, um diese Energie loszuwerden. In diesen Zeiten würde ich dich gerne begleiten.

Ich helfe dir, innerlich wieder ruhiger zu werden. Du kannst mit deiner Energie besser umgehen und auch mal die Ruhe annehmen. Sicherlich bin ich nicht dazu da, um dich ruhig zu stellen, das liegt mir fern. Aber ich möchte dir einfach helfen, daß du zwischendurch die langsamere Schwingung annehmen kannst. Wenn deine innere Unruhe zu stark wird, neigst du vielleicht zu Unfällen, und durch den Ausgleich, den ich dir vermittle, können wir dieses Risiko etwas verringern.

AMETHYST

Entstehung: primär
Kristallstruktur: trigonal
Farbe: violett

Der Träumer

Hallo, ich bin der Amethyst. Ich möchte dich einladen in die faszinierende Welt der Träume. Hast du auch schon einmal etwas geträumt, das dir lange Zeit in Erinnerung geblieben ist? Oder bist du schon einmal an einem Morgen wach geworden und hast dich überglücklich – oder traurig gefühlt, ohne genau zu wissen weshalb? Nun, in der Nacht, während du schläfst, hat dein Unbewußtes seine Hoch-Zeit.

Es gibt viele Arten von Träumen, am gefürchtetsten ist der Alptraum. Du kannst aber auch Träume haben, die an Märchen erinnern. Vom Geschehen her kann es sein, daß du Erlebnisse, die du bei Tag gehabt hast, verarbeitest. Das Unterbewußtsein meldet dir, wie du gewissen Situationen gegenüber eingestellt bist. Das Gute ist, daß du in deinen Träumen ganz viel ausprobieren kannst, ohne daß es dir schadet.

Nun komme ich ins Spiel: Wenn du mich mit in dein Bett nimmst und unter dein Kissen legst, so rege ich dein Traumgeschehen an und du kannst dich am Morgen viel besser an deine Erlebnisse in der Nacht erinnern.

Viele Menschen glauben, daß Träumen etwas Passives ist, das einfach geschieht. Du kannst aber auch bewußt träumen. Wenn du am Abend ins Bett gehst, denke an ein schönes Erlebnis vor dem Einschlafen, dann kannst du das Ganze in den Träumen nochmals durchleben. Suchst du eine Lösung für ein Problem, denke intensiv über die Frage nach. Es braucht etwas Übung darin, aber es lohnt sich und mit der Zeit erhältst du in deinen Träumen die Antwort. Also, mit der Zeit kannst du ganz bewußt mit deinem Unterbewußtsein über die Träume in Kontakt sein.

Führe doch ein Traumtagebuch, in dem du deinen Traum beschreibst oder zeichnest. Dann kannst du Ereignisse, die dazugehören, später noch ergänzen.

Schlafe gut und schöne, interessante Träume wünsche ich dir.

APATIT

Entstehung: tertiär oder primär
Kristallstruktur: hexagonal
Farbe: gelb, grün, blau

Appetit auf das Leben

Hallo, ich grüße dich voller Lebensfreude. Ich bin der Apatit. Mich kannst du derzeit auf zwei Arten antreffen. Als durchsichtiger Kristall bin ich primärer Entstehung. Als undurchsichtiger Stein ohne Kristallform bin ich meist tertiärer Entstehung.

Wie geht es dir so, hast du Spaß am Leben und bist aktiv? Oder bist du eher ruhig und wartest ab?

Nun, ich finde es toll, wenn du mich als deinen Begleiter auswählst. Wir können zusammen das Leben aktiv erleben. Es gibt ganz viel für dich, was dich stark macht. Es ist mein Wunsch, dir diese Stärke zu vermitteln, damit du so richtig offen und bewußt genießen kannst. Das Leben hat viele interessante Aspekte und Freuden für dich parat. Alles, was du davon zu dir nehmen kannst, gibt dir neue Kraft.

Weißt du, es ist so, daß wir natürlich alle auch Zeiten erleben, in denen wir ruhig sind. Ich bin aber für die aktiven und dynamischen Seiten. Daraus ergibt sich, daß dein Körper viel Energie benötigt und du auch mehr essen magst.

Daher wünsche ich dir guten Appetit und viel Spaß mit deinen Erlebnissen!

◆

APOPHYLLIT

Entstehung: primär
Kristallstruktur: tetragonal
Farbe: klar, grün bis blaugrün

Die Fassade

Hallo, ich grüße dich herzlich. Ihr nennt mich Apophyllit. Ich gehöre zu einer speziellen Gruppe von Steinen, da meine Kristallstruktur noch nicht sehr häufig vorkommt. Sie ist aus Rechtecken aufgebaut. Du kannst das an meiner Pyramidenspitze sehen, die hat einen rechteckigen Grundriß.

Es ist nun an der Zeit, mehr über dich selbst zu erfahren. In der letzten Zeit sind wir Apophyllite viel häufiger zu finden. Das hat einen Grund, denn jeder von uns hat eine Aufgabe: Mir ist es wichtig, daß du die Möglichkeit hast, dich selbst zu erkennen und dich und deine Wünsche so zu nehmen, wie es ist. Gibt es für dich Momente, wo du nicht zeigst, was du fühlst?

Weißt du, es stimmt schon, daß wir nicht immer alles zeigen können, aber wenn bei dir das Vorspielen von anderen Gefühlen zu stark wird, so kannst du krank werden. Es könnte geschehen, daß du gar nicht mehr erkennst, was oder wer du wirklich bist. Wenn du ab und zu mit deiner Atmung Mühe hast oder du dich eingeengt fühlst, so ist das ein guter Zeitpunkt, daß du einen Apophyllit zu dir nimmst und bei dir trägst. Ich helfe dir, daß du dich so nehmen kannst wie du bist, und daß der Druck von dir genommen wird. Du kannst dann auch wieder freier atmen.

Betrachte mein inneres Licht und nimm meine Gelassenheit in dich auf.

AQUAMARIN

Entstehung: primär
Kristallstruktur: hexagonal
Farbe: grün bis hellblau

Der Weg ist das Ziel

Hallo, ich bin der Aquamarin. Gefällt dir meine Farbe? Wenn du mich siehst, kommen dir ganz sicher deine Ziele und Vorhaben in den Sinn. Es ist, als ob Wünsche in Erfüllung gehen können! Und du hast selbst die Kraft und Möglichkeit, deine ganz persönlichen Ziele und Wünsche zu erreichen.

Wenn du nun eine Aufgabe vor dir hast, so möchte ich gerne dein Begleiter sein. Ich helfe dir, daß du deinen Weg klar siehst. Du kannst entscheiden, was dir hilft und was eher hinderlich ist. So kannst du am besten erreichen, was du dir wünschst. Dazu möchte ich dir noch zeigen, daß der **ganze** Weg zum Ziel sehr wichtig ist. Aus der Art und Weise, wie du diesen zurücklegst, entsteht dein geistiges Wachstum. Und diese Entwicklung kann dann auch das körperliche Wachstum mit unterstützen.

Zuletzt noch etwas zum Nachdenken: »Sei vorsichtig mit deinen Wünschen, denn sie können in Erfüllung gehen!«

Übrigens kann ich dich auch unterstützen, wenn du unter Allergien oder Heuschnupfen leidest, dann sollte ich dich aber über lange Zeit begleiten dürfen.

◆

AVENTURIN

Entstehung: meist primär oder tertiär, selten sekundär
Kristallstruktur: trigonal
Farbe: grün glitzernd

Der Schafhirte

Hallo, ich grüße dich. Ihr nennt mich Aventurin. Du kannst mich gut erkennen, da ich ein grüner Stein bin, der ganz viel Glimmer enthalten kann. Es macht dir sicher Spaß, mich von allen Seiten zu betrachten und mein Lichtspiel auf dich wirken lassen.

Kannst du abends gut einschlafen? Oder machst du dir viele Gedanken über das Vergangene oder deine Zukunft? So ein Gedankenkarussell kann dich daran hindern, einfach einzuschlafen. Nimm doch mich als deinen Begleiter. Ich lasse dich zur Ruhe kommen. Du brauchst keine Schafe mehr zu zählen und kannst ganz ruhig und entspannt einschlafen. Der Druck, den du dir mit deinen vielen Gedanken und Vorstellungen aufbaust, wird durch die Ruhe, die ich dir vermittle, abgebaut. Durch die Entspannung erkennst du jedoch mit der Zeit auch klarer, was wirklich wichtig ist. Denn du darfst ruhig wissen, daß das, was wirklich wichtig ist und zu dir gehört, dir auch erhalten bleibt.

Für deine Nachtruhe möchte ich dir noch etwas Wichtiges mitgeben: »In der Ruhe liegt die Kraft!« Schlafe gut.

AZURIT

Entstehung: sekundär
Kristallstruktur: monoklin
Farbe: azurblau

Ein männlicher Impuls

Hallo, ich grüße dich, ich bin der Azurit. Ich möchte mich zunächst an die Jungen wenden, denn in eurer Energie steckt viel Tatkraft, die ihr ausleben möchtet. Das ist der männliche Impuls. Wichtig ist jedoch, daß du dabei die Verantwortung für dein Tun übernimmst. Jede Tat hat Konsequenzen und für diese müssen wir geradestehen. Daher möchte ich dir als dein Begleiter helfen, daß du lernst, mit deiner Kraft umzugehen. Gerade in der Übergangszeit vom Knaben zum Mann ist es schön, wenn du dir diese Hilfe zugestehst. Dann kannst du dich ganz auf das für dich Wichtige konzentrieren.

Dem Männlichen wird das Wissen und der Verstand zugeordnet. Das bedeutet, klar und überlegt zu handeln. Natürlich hast du in dir sowohl männliche wie auch weibliche Anteile. Und daher macht es am meisten Spaß, wenn du sowohl mit deinem männlichen »Sein« (Tatkraft, Verstand) als auch mit deinem weiblichen »Sein« (Gefühle, Intuition) spielst und diese auslebst.

Bei Mädchen ist es natürlich genauso. Daher bin ich auch für Mädchen da, wenn sie mich mögen. Übrigens verbinde ich mich sehr gerne mit dem Malachit. Als Azurit-Malachit sind wir die schönste Kombination von Gefühl und Verstand.

BERGKRISTALL

Entstehung: primär
Kristallstruktur: trigonal
Farbe: klar

Der kindliche Blick

Hallo, da bin ich wieder. Für alle, die mich noch nicht kennen (weil sie die Einleitung nicht gelesen haben), ich bin der Bergkristall. Nun möchte ich dir noch etwas von mir persönlich erzählen. Wenn du die Entwicklung der Erde ansiehst und mit eurem Leben vergleichst, so wirst du selbst sehen, daß auch die Steine verschieden alt sind. So kannst du ein Menschenleben mit etwa 70 Jahren zu unserer Welt (die 4? Milliarden alt ist) ins Verhältnis stellen:

Wenn ein Menschenleben in diesem Vergleich eine Minute dauert, dann ist die Erde bereits 150 Jahre alt! Nun gibt es Steine, wie zum Beispiel Diamanten, die im Vergleich ungefähr 30 Jahre alt sind. Und wir Bergkristalle aus den Alpen bringen es gerade auf etwa ein Jahr. Siehst du, unter den Steinen bin ich auch noch ein Kind. Daher haben wir vieles gemeinsam.

Wir sind hier, um die Welt zu entdecken und zu erobern. Ich kläre und verstärke, was um mich herum abläuft. Das kennst du auch aus deinem Leben. Dir kann man nichts vormachen, denn du spürst, was wirklich ist. Das ist gut so, und wenn du mich als deinen Begleiter auswählst, so helfe ich dir, das Ganze noch klarer zu erleben. Wir können zusammen die Welt erforschen, denn das ist ja mit ein Grund, weshalb wir hier auf der Erde sind.

Also, lebe, schaue, staune und genieße!

◆

BERNSTEIN

Entstehung: sekundär
Kristallstruktur: amorph
Farbe: goldgelb, braun, rot

Der Lichtblick

Hallo, ich grüße dich. Ihr kennt mich als Bernstein. Wenn du mich in die Hand nimmst, bist du vielleicht überrascht, denn ich bin ein ganz leichter und warmer Stein. Ich möchte dich einladen, in mir dein Licht zu finden. Ja, betrachte mich und tauche ein in mein Licht, meine Wärme und finde dich selbst wieder.

Meinen Ursprung habe ich aus den Säften eines Baumes. Ich war also Harz und bin erst später versteinert. Ich kenne die Schnelligkeit des Lebens. Deshalb sage ich dir: »Genieße dein Leben und den Augenblick, sorge dich nicht um die Zukunft, noch trauere deiner Vergangenheit nach!«

Bevor du auf die Erde kamst, warst du ein Gottesfunke. Den trägst du in dir. Weißt du das noch und spürst du ihn noch?

Ich möchte dich gerne begleiten und dich wieder daran erinnern, wer du bist. Die Liebe und Wärme in dir gibt dir die Sorglosigkeit und Freiheit, um dein Leben zu genießen.

◆

CALCIT

Entstehung: hauptsächlich sekundär, selten primär
Kristallstruktur: trigonal
Farbe: weiß, rosa, orange, gelb, grün, blau

Was brauchen wir zum Wachsen? Viel Zeit und Ruhe!

Stelle dir einmal vor, ich habe mir ganz viel Zeit gelassen, bis ich reif genug war, um in deine Hände zu gelangen. In all dieser Zeit habe ich mich entwickelt und zugehört, was die Erde mir erzählte. Wenn du Hilfe brauchst in deinem Wachstum, so darfst du mich gerne zu dir nehmen.

Mein Rat für dich ist, daß du dir viel Schlaf gönnst, damit dein noch junger Körper wachsen und sich erholen kann. Weißt du was geschieht, wenn du schläfst? Dein Körper verarbeitet die Nährstoffe, die du bei Tage zu dir genommen hast. Und alles, was dir schadet und was du nicht brauchst, wird abtransportiert, deshalb gehst du am Morgen auch auf die Toilette.

Sieh, wie interessant das Leben ist! Du kannst so viel mitnehmen. Freue dich daran und wachse.

CHALCEDON

Entstehung: primär oder sekundär
Kristallstruktur: trigonal
Farbe: weiß bis hellblau, manchmal gebändert

Der Redner

Hallo, ich bin der blaue Chalcedon. Ich bin ein sehr gesprächiger Stein. Mein Motto ist das Fließenlassen. Gehst du schon zur Schule oder gibt es Zeiten, in denen du jemandem erzählen mußt, was du gelernt hast? Da komme ich dir gerne zu Hilfe.

Ich fließe mit dir und somit bleibt dir nichts anderes übrig, als dein Wissen mitzuteilen. Ich bin sehr talentiert und spreche immer so, daß die anderen es verstehen können. Das gebe ich gerne an dich weiter. Deshalb bin ich ein Stein für die Kommunikation. Das Lernen mußt du allerdings immer noch selbst übernehmen, denn wo kein Wissen da ist, kann ich auch nichts in Erinnerung rufen.

Einfache Lösungen liegen mir, es muß nicht immer alles kompliziert sein. Wenn du mir gut zuhörst, so erzähle ich dir gerne mehr Geschichten. Lasse dich überraschen.

CHRYSOBERYLL

Entstehung: primär oder tertiär
Kristallstruktur: rhombisch
Farbe: gelb, gelbgrün, graugrün

Die Spirale

Hallo, ich grüße dich. Ihr nennt mich Chrysoberyll. Mich triffst du in eher kleinen Stücken an, aber ich verrate dir etwas. Lasse dich nicht durch meine Größe täuschen. Ich habe viel Kraft in mir!

Wie geht es dir in der Schule? Magst du Prüfungen? (Übrigens gibt es ja auch außerhalb der Schule Prüfungen.) Gehörst du zu den Menschen, die sich dabei sehr unwohl fühlen oder sogar Angst und Streß empfinden? Wenn diese Gefühle zu stark werden, kann es vorkommen, daß du in der Prüfung plötzlich nichts mehr weißt, obwohl du viel gelernt und alles gekonnt hast. Nun fühlst du dich in deiner Angst bestätigt und das nächste Mal reagierst du wieder gleich, oder sogar mit noch mehr Streß und Hektik. Ich bezeichne das jetzt als eine Spirale, die dich nach unten zieht.

Das ist ein guter Zeitpunkt, um mich zu dir zu nehmen. Ich helfe dir, diese Spirale zu wenden, so daß die Richtung nach oben verläuft. Lege mich jeweils am Morgen und Abend für etwa zehn Minuten (nicht länger) auf deine Stirn, etwas oberhalb der Augenbrauen, schön in die Mitte. Lasse mich dir helfen. Zu deiner Prüfung kannst du mich dann in deiner Hosentasche mitnehmen, wenn du magst.

Ich helfe dir, daß du bei Prüfungen ruhiger bleibst und dich deshalb an das Gelernte erinnerst und handeln kannst. Dadurch fühlst du dich für die nächsten Prüfungen ruhiger. So können wir die Ängste abbauen und deine Kraft und Fähigkeiten aufbauen.

CHRYSOKOLL

Entstehung: sekundär
Kristallstruktur: monoklin
Farbe: grün bis türkisfarben

Der kühle Kopf

Hallo, ich grüße dich. Ihr nennt mich Chrysokoll. Hast du eine Vorstellung, weshalb du hier auf der Erde lebst?

Nun, es ist so, daß du beschlossen hast, hier auf der Welt eine Lehrzeit zu verbringen. Du kannst hier deine ganz persönlichen Lebenserfahrungen sammeln. Du hast dir Eltern ausgesucht, die dich dabei unterstützen und dir ein für dich passendes Umfeld mitbringen.

Auch in deinem Leben gibt es wunderschöne und eher unangenehme Erlebnisse. Dein Verstand hilft dir, aus jeder dieser Erfahrungen etwas zu lernen. Diese Fähigkeit hilft dir, daß du in deinem Leben weiterkommst. So ist es vorgesehen.

Nun kann es sein, daß du manchmal zuerst handelst und erst danach überlegst. Aus diesem Grund reagierst du dann immer wieder gleich, obwohl es dir nicht bekommt. In diesem Fall würde ich dich gerne begleiten. Meine Hilfe für dich ist, daß ich dir helfen möchte, einen sogenannten »kühlen Kopf« zu bewahren. Mit anderen Worten, ich unterstütze dich darin, daß du in einer Situation zuerst überlegen kannst, was du machen möchtest. Erfahrungen, die du schon einmal gemacht hast, erkennst du dann wieder. Deshalb kannst du dich dann auch anders entscheiden, wenn für dich der Zeitpunkt da ist, um einen neuen Weg auszuprobieren.

COVELLIN

Entstehung: sekundär
Kristallstruktur: hexagonal
Farbe: indigoblau bis schwarz

Das Geheimnis

Hallo, ich bin der Covellin und grüße dich herzlich. Ich bin ein sehr vielschichtiger Stein. Wenn du mich betrachtest, so habe ich die Farbe zwischen indigoblau und schwarz. Wenn du mich als Rohstein aber ins Wasser legst, so werde ich violett.

Weißt du, was ich dir vermitteln möchte? Ich kenne ein Geheimnis und möchte das gerne mit dir teilen. Wie ich dir schon gesagt habe, kann ich ganz unterschiedlich aussehen und darum geht es bei meinem Geheimnis. Wir alle haben ganz verschiedene Seiten. Es gibt dunkle und helle, solche, die einem gefallen, und andere, die man nicht so toll findet. Es gibt auch magische Seiten, die für dich selbst Überraschungen in sich verbergen.

Kennst du das schon? Nun, ich möchte dir zeigen, daß du alles bist. Das erst macht dich als Ganzes aus. Du kannst auf dich vertrauen, ehrlich zu dir sein und lernen, mit dir gut zu sein. Das gibt dir mit der Zeit ein gesundes Selbstvertrauen. Und wenn du das hast, dann kannst du auch besser deine Ziele erreichen. Sieh das Ganze als ein Spiel an, in dem du mitreden kannst. Also, wenn du etwas erreichen möchtest, so vertraue dir selbst und du kannst alles!

◆

DISTHEN

Entstehung: tertiär
Kristallstruktur: triklin
Farbe: blau, blaugrau

Der Eremit

Hallo, mein Freund, ich grüße dich. Ich bin Disthen. Meine Entstehung vollzog sich, als sich große Erdplatten übereinander schoben und es von allen Seiten Druck und Hitze gab. Ich bin also durch Umwandlung geboren.

Geht es dir manchmal auch so, daß du dich von überall her unter Druck gesetzt fühlst? Vielleicht hast du dann das Gefühl, in einer Ecke zu stehen und dort nicht mehr wegzukommen. Rettest du dich dann in Wut und Aggression?

Bitte lasse mich dein Freund werden. Ich möchte dir helfen, in solchen Momenten die Aufmerksamkeit wieder zu dir zu lenken. Deshalb stelle ich mich dir auch als Eremit vor. Du kannst dich für kurze Momente in dich zurückziehen und in dieser Pause betrachten, weshalb du dich in einer bestimmten Situation befindest und woher das Gefühl von Unwohlsein in dir kommt. Das Tolle dabei ist, wenn du dich mit dir auf diese Weise auseinandersetzt, wirst du dabei immer stärker. Mit der Zeit weißt du dann auch, wie du wieder aus dieser Situation oder Ecke herauskommst.

Du kannst mit der Zeit klar erkennen, weshalb dir bestimmte Dinge widerfahren, und was du daraus lernen kannst. Unser gemeinsames Ziel kann werden, daß du dich genau kennst und aus diesem Grund auch offen bleiben kannst, wenn um dich herum unangenehme Dinge geschehen, gegenüber denen du dich früher verschlossen hast.

Also, lasse uns gemeinsam stark werden.

DUMORTIERIT

Entstehung: primär, selten tertiär
Kristallstruktur: rhombisch
Farbe: blau bis blauviolett

Nimm es locker

Hallo, ich grüße dich als Dumortierit. Hast du ab und zu eine etwas düstere Stimmung und erscheint dir das Leben manchmal als etwas Schweres und Strenges? Nun, ich möchte dir etwas ganz unglaublich Wichtiges mitteilen. Bist du bereit dafür? Ganz sicher? Also gut:

»Take it easy«! Nimm's leicht! Du kannst dein Leben leicht oder schwer nehmen, ganz wie du willst. Ich finde es leicht viel lustiger. Du kannst locker und entspannt dein Leben erleben und bist durch die Leichtigkeit auch auf-nahmefähiger und es geht dir alles viel besser von der Hand.

Ich weiß, daß dir eine solche Haltung zunächst vielleicht noch schwer fällt, aber gib uns einfach etwas Zeit. Du wirst plötzlich die helleren und leich-teren Seiten in deinem Leben erkennen und dich daran orientieren können. Du glaubst gar nicht, wie viel Spaß das machen kann.

Übrigens kannst du mich auch zu Hilfe nehmen, wenn du mal etwas zu viel Karussell gefahren bist und dir davon übel geworden ist. Manchmal geht es auch im Leben zu sehr »rund«, was sich dann daran zeigt, daß dir schlecht wird. Dann kannst du mich auf deinen Magen halten oder mit Heftpflaster festkleben und wir zwei (du und ich) lassen uns locker und entspannt ins Leben fallen.

◆

EPIDOT

Entstehung: tertiär oder primär
Kristallstruktur: monoklin
Farbe: pistaziengrün, schwarz, als »Unakit« mit rotem Feldspat

Die Genesung

Hallo, ich grüße dich herzlich. Ich heiße Epidot. Jeder Stein kann dich in gewissen Situationen begleiten und dich in deinen Erfahrungen unterstützen. Ich bin ein Stein, der dich gut im Umgang mit Krankheit und Genesung begleiten kann. Dein Körper benötigt ab und zu eine gewisse Auszeit, um sich selbst zu heilen. Dafür verwendet er Hitze – dann hast du Fieber – oder er möchte etwas loswerden in Form von Husten (Schleim), Erbrechen oder Durchfall. Danach brauchst du für dich eine Zeit der Erholung. In dieser Zeit geht es darum, daß dein Körper wieder stark und vital werden kann. Da bin ich gerne bei dir und helfe deinem Körper.

Wie gesagt, gewisse Krankheiten sind für dich wichtig, aber du mußt nicht durch alles hindurch. Deshalb kannst du mich auch als Vorsorge tragen, zum Beispiel, wenn in deinem Umfeld viele Menschen krank sind. Spürst du, daß du dich körperlich nicht wohl fühlst, so gönne dir etwas Ruhe und frage dich, was für dich wichtig ist. Wenn du dann weißt, was du willst, dann versuche das auch zu tun. Wenn du erkannt hast, was du brauchst, dann ist es wichtig, das dir gegebene Versprechen auch einzuhalten. Ansonsten glaubt dir dein Körper ein anderes Mal nicht mehr und du wirst krank.

Laß es dir gut gehen und paß gut auf dich auf.

FLUORIT

Entstehung: primär, selten sekundär oder tertiär
Kristallstruktur: kubisch
Farbe: klar, gelb, grün, blau, violett

Der Sinn hinter den Regeln

Hallo, ich grüße dich herzlich als Fluorit. Ich möchte dir gerne etwas von unseren Erfahrungen erzählen. Wie alles auf der Welt sind auch wir aus dem Chaos entstanden. Nichts hatte eine Bedeutung. Alles war frei und durcheinander. Doch mit der Zeit wollten wir mehr. Chaos mag zwischendurch in Ordnung sein – aber nicht für immer. Also haben wir uns zusammengeschlossen. Jeder einzelne hat seinen Platz eingenommen. Wir fühlen uns stark und sehen, daß wir unsere Freiheit viel besser genießen können, wenn diese in geordneten Bahnen verläuft. Regeln braucht es, damit wir alle miteinander umgehen können. Das heißt, es gibt Dinge, die erlaubt sind, und andere nicht. Wie empfindest du Regeln? Fällt es dir schwer zu verstehen, weshalb es sie gibt, oder magst du dich nicht gerne daran halten? Darf ich dein Begleiter werden? Gemeinsam können wir aufbrechen und etwas Neues zulassen.

Regeln und Gesetze werden von den Erwachsenen an die Kinder weitergegeben. Das heißt, die Großen leben auch in diesen Regeln und müssen auch Sachen einhalten. Stelle dir einmal vor, welches Durcheinander es gäbe, wenn jeder machen würde, was ihm gefällt. Wir würden nichts mehr lernen können, hätten nichts zu essen, kein Zuhause, noch Sachen zum Spielen. Du siehst also, Regeln haben auch ihre guten Seiten, sie schützen dich und deine Sachen.

Regeln sind allerdings nur dann wirklich von Nutzen, wenn sie gerecht, sinnvoll und zum Wohle aller Beteiligten sind. Wenn du einmal den Sinn einer Regel nicht erkennst, helfe ich dir, darüber nachzudenken, vielleicht auch nachzufragen und zu verstehen, wozu die Regel gut ist. Dann wird es dir auch leichter, dich daran zu halten. Vielleicht bekommst du aber auch eine bessere Idee und du kannst den anderen eine neue Regel vorschlagen. Neue, bessere Regeln bringen uns allen mehr, als wenn wir einfach nur jene nicht einhalten, die uns mißfallen. Die Ideen für neue Regeln, die ich als Fluorit manchmal bringe, sind vielleicht ungewohnt. Aber sie haben immer das Ziel, das Leben sicher, freier und leichter zu machen.

GIRASOL

Entstehung: primär
Kristallstruktur: teils trigonal, teils amorph
Farbe: farblos, milchig

Die Umwandlung

Hallo, ich grüße dich. Ihr nennt mich Girasol. Ich bin etwas ganz Spezielles. Ich habe zwei Kristallstrukturen. Ich bin zum einen Teil amorph und zum anderen trigonal. Das heißt, ich habe sowohl feste Strukturen als auch die strukturlose Unordnung.

Nun, in welchen Situationen möchte ich dich begleiten? Du kennst vielleicht solche Tage, an denen du dich einfach unglücklich und verloren fühlst. Du möchtest dich einfach nur verstecken, die Decke über den Kopf ziehen. Gehst du nach draußen, so wirst du von anderen Kindern gehänselt, oder du fühlst dich nicht verstanden. Das bestätigt dein erstes Empfinden und dein Unwohlsein kann sich dadurch noch verstärken.

Denke nun an mich. Auf der einen Seite vermittle ich dir die notwendige Leichtigkeit, um gelassen durch den Tag zu kommen und wieder Freude zu erfahren. Auf der anderen Seite zeige ich dir, wie du am besten und ohne großen Aufwand für dich auf dein Umfeld reagieren kannst.

Mein Ziel ist es, daß du aus deinem Unglück für dich dein Glück erschaffen kannst, einfach und mit Leichtigkeit.

KUPFER

Entstehung: sekundär
Kristallstruktur: kubisch
Farbe: kupferrot

Die Schönheit des Lebens

Ich begrüße dich mit einem herzlichen Hallo. Ich bin Kupfer und habe eine starke Verbindung zum Planeten Venus. Ich liebe alles Schöne und die Gerechtigkeit. Hast du auch gerne wunderbare Dinge um dich? Es gefällt mir, wenn ich dich inspirieren kann und mit dir viele harmonische Momente erleben darf.

Kannst du gut und offen mit Anderen umgehen, oder hast du manchmal Hemmungen, deine Gefühle und Bedürfnisse zu zeigen? Wenn du mich zu deinem Begleiter wählst, so helfe ich dir sehr gerne, damit du zeigen kannst, was du fühlst und was Schönheit für dich bedeutet. Mein Sinn für das Harmonische und Gerechte macht mich stark, da ich zu mir selbst gut bin und zu mir stehe. Das kann ich dich lehren, wenn du bereit dafür bist.

Stelle dir vor, mit kleinen Gesten oder Dingen kannst du deine Umwelt für dich angenehm gestalten. Es braucht so wenig, damit man sich wohlfühlen kann. Und wenn es dir gut geht, kannst du viel leichter du selbst sein. Auch der Austausch mit deinem liebevoll gestalteten Umfeld wird spielerischer und leichter. Denn da, wo es schön ist, sind auch das Glück und die Liebe gerne zu Hause.

Und so, wie du deine Umgebung schöner gestaltest, kannst du auch deinen Umgang mit anderen Menschen gestalten. Ein Lächeln oder ein paar nette Worte können Wunder bewirken! Probiere es einmal aus, du wirst überrascht sein. Sogar eine Warteschlange eignet sich dafür und das Warten wird viel kurzweiliger.

Also, laß uns zusammen die Lieblichkeit der Welt entdecken und fördern.

LAPISLAZULI

Entstehung: tertiär
Kristallstruktur: kubisch
Farbe: blau

Die Freundschaft

Hallo, ich grüße dich herzlich, ich bin der Lapislazuli. Mich kennt ihr schon sehr lange Zeit. Früher war ich der Begleiter der Könige und der Mächtigen. Daran zeigt sich schon, daß ich dir viel Weisheit und Güte bringen kann. Weißt du, die Menschen, die gütig und klar sagen, was für sie wichtig und richtig ist, die kommen für sich selbst weiter und helfen auch anderen damit.

Wie geht es dir mit anderen Menschen? Kannst du sagen, was du für dich wirklich brauchst? Oder sagen dir deine Freunde, was gut ist? Es ist in Ordnung, wenn man sich ab und zu anpaßt und die Spiele des Anderen mitspielt. Wenn du aber nur noch andere Spiele spielst, wirst du, so nehme ich an, mit dir selbst ganz unglücklich sein, ohne zu wissen, weshalb.

Gibt es bei dir solche Momente? Bist du manchmal in dir ganz unruhig oder unglücklich? Bitte, nimm mich doch als deinen Begleiter. Ich helfe dir, deine Stärke und deine Wahrheit ans Licht zu bringen. Das Gute dabei ist, du kannst das dann auch erzählen. Wenn du nicht sagst, was du brauchst, so kann das auch niemand wissen. Miteinander können du und deine Freunde viele Erfahrungen austauschen und am Leben Spaß haben. Sage was du willst und gib deinem Gesprächspartner das gleiche Recht. Jeder weiß für sich, was er braucht, um sich gut zu fühlen. Aus diesem Grund bin ich auch für dich da. Lasse mich dein Freund sein.

LARIMAR

Entstehung: primär
Kristallstruktur: triklin
Farbe: hellblau-weiß

Vom Teilen

Hallo, ich grüße dich ganz herzlich. Ich bin der Larimar. Manche sagen mir nach, daß ich Atlantisstein heiße. Nun, betrachte mich und dann siehst du, daß ich aussehe wie stilles Wasser, das von der Sonne beschienen wird.

Kennst du schon die Veränderlichkeit des Lebens? Vielleicht hast du plötzlich mehr oder andere Menschen um dich herum. Manchmal ist alles gut und du hast deinen Frieden, aber auf einmal ist das wieder vorbei. Ohne daß du weißt, weshalb. Alles fällt dir plötzlich nur noch schwer, du magst nicht teilen oder fühlst dich, als ob du alles verteidigen mußt.

Nun, darf ich dein Begleiter werden? Ich helfe dir, groß zu werden. Nicht nur im Körper, sondern auch im Gefühl. Sieh, das Leben hat verschiedene Seiten und manche davon bereiten dir Mühe. Doch das Spiel von Licht und Schatten bringt Abwechslung – auch, daß dir manchmal alles zuviel wird. Meine Hilfe an dich ist, daß du spürst, aus schwierigen Situationen gibt es immer einen Weg hinaus! So wie du dahin gekommen bist, so darfst du auch wieder gehen, wenn du magst.

Offen zu sein kann dir helfen, daß du dich besser fühlst. Mit anderen zu teilen wird dir vielleicht immer wieder einmal schwer fallen, aber wenn du mich bei dir hast, so kannst du mit mir lernen, daß sich alles ändern läßt. Und du erfährst auch, daß es ein Gewinn für dich ist, wenn du etwas mit anderen gemeinsam erlebst.

Teile so, daß es für dich stimmt.

LEPIDOLITH

Entstehung: primär
Kristallstruktur: monoklin
Farbe: rosa bis rosaviolett

Die Pause

Hallo, ich grüße dich. Ihr kennt mich unter dem Namen Lepidolith. Du kannst mich daran erkennen, daß ich als Glimmer wunderbar glitzere und eine schöne Farbe besitze.

Nun, wie fühlst du dich? Hast du ganz viel zu erledigen und wenig Zeit, um dich in Ruhe mit dir selbst zu beschäftigen? Es gibt Momente, da ist es gut, wenn du ganz ruhig wirst und dir überlegst, was du gerne tust und warum. Doch ebenso wichtig ist, daß du auch die Erlebnisse und Arbeiten erkennst, die du nicht magst. Da gibt es vielleicht Punkte, da würdest du am liebsten aus der Haut fahren, es ärgert dich und du fühlst dich unzufrieden. Durch Deine Aufmerksamkeit kannst du diese Bereiche besser unterscheiden und besser damit umgehen.

Nimm mich als deinen Begleiter, ich helfe dir in dieser Zeit. Du erspürst besser, was für dich wichtig ist. Wenn du in Ruhe betrachtest, was dich stört, so kannst du durch meine Unterstützung erkennen, was du daraus lernen kannst. Gibt es Möglichkeiten für eine Veränderung, so kannst du diese selbst entdecken und umsetzen. Dadurch wird es dir wieder leichter.

Auch dein Körper zeigt dir viele Belastungen an. Du kannst zum Teil an unreiner Haut erkennen, daß du viel mit dir herumträgst. Mit meiner Unterstützung und etwas Geduld kannst du auch deiner Haut eine Entlastung bringen. Dabei ist jedoch ganz wichtig: Falls deine Haut sich am Anfang zuerst verschlechtert, trage mich bitte weiter! Manchmal benötigen der Körper und ich einfach Zeit, um diese neue Entgiftung richtig aufzubauen.

MALACHIT

Entstehung: sekundär
Kristallstruktur: monoklin
Farbe: grün gebändert oder marmoriert

Eine Information für Mädchen

Hallo, ich bin der Malachit. Ich möchte mich gerne an Mädchen wenden und sie begleiten. Hast du schon deine Menstruation? Nun, es gibt Frauen, die spüren nicht viel von ihren Tagen, und andere Frauen fühlen sich überhaupt nicht wohl. Vor langer Zeit, wenn eine Frau ihre Menstruationsblutung hatte, so hat sie sich zurückgezogen und sich ganz auf sich konzentriert. Für deinen Körper ist es eine Zeit der Reinigung, in der er auf Hochtouren arbeiten muß. Es ist schön, wenn du ihm erlaubst, daß dein Blut gut fließen kann. Ich weiß, daß es nicht das angenehmste ist. Deine Einstellung zu deinem Körper in dieser Reinigungsphase hilft dir, und als Unterstützung komme ich gerne zu dir. Denn ich helfe, daß sich dein Körper nicht verkrampft. Ich finde es wichtig, daß du dir in einem Buch einmal ansiehst, wie dein Körper im Inneren aussieht. Es ist etwas Faszinierendes und hat nichts Unangenehmes an sich. Vielleicht mag deine Mutter auch mit dir noch mehr darüber sprechen.

Hast du schon einmal vom »guten Gefühl im Bauch« gehört? Das ist dieses tiefe, weibliche Wissen in dir. Das können übrigens auch Knaben und Männer haben. Dieses gute Gefühl kann ich dir helfen auszuleben, deshalb gehöre ich auch in die Hände von allen, die sich das wünschen. Meinen Gegenpol kannst du im Azurit finden. Den nehme ich mir ab und zu auch mal in einer ganz natürlichen Verbindung an die Seite – das gibt dieses »gewisse Etwas« von Gefühl und Verstandeswissen.

◆

MOLDAVIT

Entstehung: durch Meteoriteneinschlag
Kristallstruktur: amorph
Farbe: flaschengrün

Der Reisende

Hallo, ich heiße Moldavit und grüße dich ganz herzlich. Ich bin durch einen Meteoriteneinschlag entstanden. Die Heftigkeit des Aufschlages auf der Erde hat eine große Verwüstung angestellt und durch die Hitze wurde viel Gesteinsflüssigkeit verspritzt. So wurden wir geboren. Als fliegender Spritzer wurde ich ein festes Glas, bevor ich wieder zur Erde fiel.

Nun möchte ich dir zeigen, was ich daraus gelernt habe. Ich komme aus der Unendlichkeit und habe selbst diese unglaubliche Verwüstung als etwas Neues überstanden. So geht es mit allem. Nichts geht wirklich verloren, sondern wird in etwas Neues umgewandelt. Vielleicht geht eine Idee nicht so in Erfüllung, wie du dir das gedacht hast, aber dein Wunsch kann in einer ganz anderen Art zu dir kommen.

Brauchst du viel Sicherheit, damit es dir gut geht? Wenn du mich als deinen Begleiter wählst, so möchte ich dir zeigen, daß du diese Sicherheit nicht durch viele Sachen erhältst, sondern indem du erkennst, daß alles möglich ist und für immer besteht.

Wenn du mich bei dir trägst, so bringe ich dir die Übersicht, daß du ganz neutral betrachten kannst, was du für dich brauchst und tun willst. Damit kannst du auch ganz leicht Gegenstände, die du nicht mehr benötigst, weitergeben. Somit bekommst du selbst wieder mehr Raum für das Wichtige in deinem Leben.

Freude am Loslassen bedeutet, eine neue Reise in dein Leben zu starten.

MORGANIT

Entstehung: primär
Kristallstruktur: hexagonal
Farbe: rosa

Die Fee

Hallo, ich heiße Morganit und grüße dich ganz herzlich. Ich trage ein leichtes und beschwingtes rosa Gewand. Meine Aufgabe ist, dir Güte und Herzlichkeit zu bringen.

Ich kenne einen Ort, der unglaublich viel Liebe in sich birgt. Ich möchte dich einladen, den zu entdecken. Du mußt gar nicht weit gehen. Er befindet sich nämlich in dir. Manchmal kommt es vor, daß du das vergißt, da du dich zuviel mit dem beschäftigst, was um dich herum passiert. Dabei ist es ganz wichtig, daß du dich immer wieder auf deinen Ort der Herzlichkeit zurück besinnst. Denn alles, was du für dich brauchst und was gut für dich ist, hast du da gespeichert.

Also, wenn du ganz viel tust und schon eine Weile gar keine Zeit hast, um ruhig zu werden, so nimm mich doch als deinen Begleiter. Ich helfe dir, dich auf dich selbst zu besinnen und ruhig zu werden. So kannst du erkennen, was du vergessen hast und was du wirklich brauchst. Was macht dich in dir ruhig und zufrieden? Der Sonnenstrahl in deinem Herzen breitet sich aus, gibt dir neuen Auftrieb und bringt dir neue Zufriedenheit. Stelle dir vor, es ist, als ob wir zusammen einen Zauberstab schwingen und du so in dir deinen zauberhaften Ort neu beleben kannst.

Also, genieße dieses beschwingte Gefühl, das da entsteht.

OBSIDIAN

Entstehung: primär
Kristallstruktur: amorph
Farbe: schwarz

Das Körperbewußtsein

Hallo, ich grüße dich. Ihr nennt mich und alle Angehörigen meiner Familie Obsidian. Es gibt je nach unserem Aussehen Regenbogen-, Silber-, Gold-, Mahagoni-, Schneeflocken- und schwarzen Obsidian. So wie in deiner Familie gewisse Unterschiede zwischen den einzelnen Mitgliedern bestehen, so ist es auch bei uns. Aber ich möchte dir etwas über unsere Gemeinsamkeit erzählen.

Wir entstehen bei Vulkanausbrüchen, wenn die Lava abrupt abgekühlt wird. Das ist ein schockähnlicher Zustand für uns. Aus diesem Grund begleiten wir auch dich gerne, wenn du eine Verletzung erlebt hast und auf dem Weg der Heilung bist. Weißt du, was passiert, wenn du dich anstößt oder einen Unfall hast?

Dein Körper besteht aus unendlich vielen Zellen, die miteinander verbunden sind. Damit der Körper gut funktioniert, gibt jede einzelne Zelle weiter, was sie gelernt und erfahren hat. Wird also eine Zelle gequetscht oder verletzt, dann ist sie auf eine gewisse Art »geschockt«. Sie hält inne, tut nicht mehr, was sie sollte, und beeinflußt damit auch ihre Nachfolger. Dadurch wird der Körper an dieser Stelle blockiert.

Optimal ist, wenn du nach einem körperlichen Unglück den Vorgang aufmerksam nachvollziehst. Entweder, indem du ein paar Mal genau die Bewegungen langsam ausführst, die zum Unglück geführt haben, oder indem du mit jemandem darüber sprichst. So kannst du mit deinem Körper Kontakt aufnehmen und den Zellen helfen. Damit sich der Schock noch leichter lösen kann, lege einen Stein aus meiner Familie auf die betroffene Stelle. Falls es sich um eine große Verletzung handelt, so kannst du uns in Wasser legen und nach etwa acht Stunden immer wieder schluckweise von diesem Wasser trinken. Fülle das Glas jedes Mal wieder auf. Brauchst du schneller Hilfe, dann nimm mich einfach so in den Mund.

Wenn du mit deinem Körper in gutem Kontakt bist, fühlst du dich auch gut und du spürst deutlicher, wenn einmal etwas nicht in Ordnung ist.

OPAL

Entstehung: sekundär
Kristallstruktur: amorph
Farbe: in allen Farben schillernd

Der Clown

Hallo, ich gehöre zur Familie der Opale und möchte dich begrüßen. Uns Opale gibt es in vielerlei Kostümen. Einige von uns sind bunt, schillernd und auffällig, andere erscheinen eher etwas unauffälliger. Aber wir haben alle etwas gemeinsam. Und weißt du, was das ist? Wir haben es gerne, wenn viel gelacht wird. Hast du heute schon gelacht?

Wie nimmst du dein Leben wahr? Erlebst du viele lustige Sachen und kommen dir selbst welche in den Sinn? Bist du eher traurig und machst dir das Leben schwer?

Nun, wenn du mich zu deinem Begleiter wählst, lassen wir uns von Ideen, Spaß und Kreativität beflügeln. Sieh dir meine Farbenpracht an und erkenne, wie befreiend Lachen sein kann. Jedes deiner Probleme kann in einem anderen Licht erscheinen, sobald du deinen Humor heraus läßt. Du darfst ruhig auch über dich selbst lachen. Wir können zusammen ein Spiel machen. Stelle dir vor, daß du ein Clown bist und du dich selbst nachmachst und damit zum Lachen bringst.

Was machst du gerne? Malen, basteln, Geschichten erfinden oder bist du gut im Zuhören? Wo liegt deine Kreativität? Ich helfe dir, sie zu finden und damit zu spielen.

Viel Spaß dabei!

♦

OZEANJASPIS
OZEANACHAT

Entstehung: primär
Kristallstruktur: trigonal
Farbe: weiß, rosa, grün, blau, braun, gelb

Der Liebreiz

Hallo, ich grüße dich ganz herzlich. Ihr seid euch bei meinem Namen noch nicht ganz einig, Ozeanjaspis oder Ozeanachat, da ich erst seit kurzem zu euch komme. Ich bin ein farbenfroher Stein mit vielen verschiedenen Zeichnungen. Deshalb seid ihr Menschen auch so fasziniert von mir.

Ich bin so vielfältig wie ihr Menschen. Jeder von euch ist etwas ganz Besonderes. Weißt du, weshalb ihr mich jetzt findet? Es ist nun ein guter Zeitpunkt für euch, und ich möchte dich und andere gerne auf eurem Weg begleiten. Ich bringe und vermittle euch, gerade in der heutigen Zeit, etwas ganz Wichtiges: Trost, Liebe und Geborgenheit.

Wie geht es dir? Bist du zufrieden und glücklich mit dir, oder machst du dir selbst dein Leben schwer? Du stehst dir selbst am nächsten und kannst dich selbst am meisten verletzen. Ich möchte dich gerne begleiten auf deinem Weg zu deinem eigenen Liebreiz dir selbst gegenüber. Sei gut zu dir selbst und du findest immer einen Sonnenstrahl. Glücklich und gesund zu sein, beginnt tief in dir. Ich möchte dir zeigen, wie du das in dir finden kannst.

Genieße dein Dasein!

PERIDOT

Entstehung: primär
Kristallstruktur: rhombisch
Farbe: gelbgrün bis olivgrün

Die Ferien

Hallo, ich grüße dich. Ich bin der Peridot. Gefällt dir meine Farbe? Ich spreche deinen Körper an, damit er loslassen kann, was ihm nicht gut tut.

Weißt du, wo du im Leben stehst und wer du bist? Gibt es Situationen in deinem Leben, wo plötzlich ganz viel um dich herum geschieht und du gar nicht mehr den Überblick hast? Das löst vielleicht Wut oder Angst in dir aus. Und wenn du damit nicht richtig umgehen kannst, so belastet das deinen Körper und dein Gefühl.

Da würde ich dich nun gerne begleiten. Ich helfe dir, zu erkennen, wer du bist. Wenn du das verstehst, so spürst du, wenn von außen Einflüsse auf dich zukommen, die dir nicht gut tun. Du kannst dann besser bei dir bleiben und ruhiger reagieren. Du mußt nicht auch noch die Gefühle von deinen Mitmenschen erdulden, denn du hast ja genügend eigene Aufgaben zu erledigen. Das reicht sicher für dein ganzes Leben.

Also, ich wünsche dir ab und zu etwas Ferien von den äußeren Einflüssen, damit dein Inneres sich erholt und du gestärkt in den Alltag gehen kannst.

PRASEM

Entstehung: tertiär, selten primär
Kristallstruktur: trigonal
Farbe: lauchgrün

Der Frühlingsbote

Hallo, ich höre auf den Namen Prasem und grüße dich ganz herzlich. Mein Name wurde vom griechischen »praso« abgeleitet und heißt »Lauch«.

Kennst du die Spannung, die im Frühling in der Luft liegt? Man hat das Gefühl, vor lauter Energie zu platzen. Das kann einem schon beinahe Angst machen. Dabei kann daraus etwas Wunderbares entstehen. Sieh dir nur all die phantastischen Blumen und Bäume an. Die ganze Erde erzittert vor Vorfreude und beinahe über Nacht hat sich das Bild der Erde vollständig gewandelt. Aus der eher trostlosen Winterlandschaft hat sich eine einladende und freundliche Frühlingslandschaft ergeben.

Kannst du dir vorstellen, was ich dir zeigen möchte, wenn du mich zu deinem Begleiter wählst? Genau wie in der Natur gibt es auch bei dir Momente, in denen sich Spannung aufbaut. Fühlst du dich da manchmal unwohl und hast du das Bedürfnis, daß du das stark kontrollieren mußt? Oder ist es das Gegenteil, und du hast das Gefühl, du verlierst die Kontrolle? Ich zeige dir, wie du mit diesem Anstieg von Spannung und Energie ganz einfach umgehen kannst. Du brauchst nur dir selbst zu vertrauen! Je weniger du dich dagegen wehrst, desto schneller kann sich die Spannung wandeln.

Lasse uns deinen persönlichen Frühlingsbeginn zu jeder Zeit genießen!

PURPURIT

Entstehung: primär
Kristallstruktur: rhombisch
Farbe: purpur bis rotviolett

Vom Dasein

Hallo, ich begrüße dich. Ich höre auf den Namen Purpurit. Der stammt von meiner Farbe und gibt den Hinweis auf mein purpurnes Gewand. Diese Farbe hüllt mich ein und inspiriert viele Menschen, ganz bewußt da zu sein.

Wie sieht es bei dir aus, gefalle ich dir, wenn du mich betrachtest? Ich bin wie ein Weckruf an dich. Schön, daß du da bist! Und, wie geht es dir so? Bist du manchmal müde und vielleicht nicht so aufmerksam? Verpaßt du im Umgang mit anderen Menschen oder in bestimmten Erlebnissen gewisse Augenblicke? Wirst du immer wieder angesprochen, ohne daß du reagierst? Es ist wichtig für dich, daß du lernst, deine Aufmerksamkeit in solchen Situationen zu verbessern. Und da möchte ich dich gerne unterstützen.

Ich helfe dir dadurch, daß ich dir und deinem Körper zeige, wie er mehr Energie aufbauen kann. Diese Energie ist aber nicht als Kraft vorhanden, um körperlich aktiv zu werden, sondern sie ist für deine Aufmerksamkeit bestimmt. Stelle dir vor, wie viel du verpaßt, wenn du nur unbewußt vor dich hinträumst. Aus diesem Grund helfe ich dir, bewußter zu werden. Und dadurch, daß du ganz »da« bist, kannst du deine Tage mit viel Energie und Kreativität erleben.

Genieße dein Dasein und tausche dich bewußt mit deinem Umfeld aus. Lasse dich von meinem purpurfarbenen Gewand umhüllen und inspirieren.

◆

PYRIT

Entstehung: primär, sekundär oder tertiär
Kristallstruktur: kubisch
Farbe: golden

Die Faszination des Verborgenen

Hallo, ich grüße dich. Ihr nennt mich Pyrit oder manchmal auch Katzengold. Bist du fasziniert von mir? Nun, ich bin sehr temperamentvoll, das heißt, ich kann einiges in Bewegung bringen! Ich habe viel Feuer in mir und kann dir, wenn du magst, auch gut »einheizen«.

Jeder Mensch hat seine Sonnenseiten, die er ausgiebig zeigt und sich gerne darin sonnt. Jeder hat aber auch seine Schattenseiten. Die versucht man eher zu verbergen oder zu überspielen. Als junger Mensch kennst du diese Seiten noch gut, du kannst sie auch bei Anderen erahnen oder spüren. Ich bin nun die Verstärkung deiner Gefühle. Du darfst deine »schattigen Züge« im richtigen Maß ausleben. Ich spiegle dich in deiner Gesamtheit wieder. Erkenne so, was gut für dich ist, und lasse es durch mein goldiges Aussehen glänzen. Alles Dunkle, das betrachtet wird, verliert seinen Schrecken.

Gibt es Situationen, in denen du nicht weißt, weshalb du genau so oder so reagierst? Oder bist du krank, ohne zu wissen weshalb? Dann ist es eine gute Möglichkeit, mich zu betrachten oder zu tragen. Ich helfe dir und deinem Körper mit meinem Feuer! Wie ich dir oben schon gesagt habe, können wir gemeinsam viel bewegen und so auch verändern. Viel Spaß beim »dich selbst« finden.

RHODONIT

Entstehung: tertiär, selten primär
Kristallstruktur: triklin
Farbe: rosa

Der Heiler

Hallo, ich bin der Rhodonit. Sicher hast du dich schon einmal verletzt. Wunden zu heilen ist meine Aufgabe. Egal ob es sich dabei um äußere Wunden handelt oder innere. Die Äußeren lassen sich manchmal fast besser behandeln.

Es gibt noch die Verletzungen, die man nicht sieht. Vielleicht hat eine Behandlung durch einen anderen Menschen, oder gar dein eigenes Verhalten, dich verletzt und eine unsichtbare Narbe hinterlassen.

Nun, ich möchte dich gerne begleiten und dir helfen, diese Narben wieder zu heilen. Dafür braucht es manchmal etwas Zeit, aber danach geht es dir viel besser und du fühlst dich wieder leicht und beschwingt.

Bei den äußeren Verletzungen kannst du mich direkt auf die Wunde legen, wenn diese nicht zu groß ist. Ich helfe deinem Körper, daß die Blutgerinnung einsetzt (es hört dann schnell zu bluten auf), und auch die Abheilungsphase wird kürzer.

ROSENQUARZ

Entstehung: primär
Kristallstruktur: trigonal
Farbe: rosa

Der Friedensbote

Hallo, ich bin der Rosenquarz. Weißt du, was ich dir bringen möchte? Mir ist es wichtig, dir inneren Frieden zu vermitteln und daß du dich magst, so wie du bist. Jeder von uns hat seine guten und schlechten Seiten, aus denen entsteht unsere Entwicklung (selbst Erwachsene lernen im Leben immer weiter). Wenn du das an dir erkennen kannst, geht es dir im Leben viel leichter.

Hast du schon einmal erlebt, daß du unzufrieden mit dir warst und dich andere dann auch nicht so toll behandelt haben? Nimm mich doch einfach zu dir, ich zeige dir einen Weg, damit du zufriedener und in deinem Herzen auch glücklicher sein kannst. Wenn du dich so magst wie du bist, so machst du dich nicht abhängig von der Zustimmung der anderen und deine Energie kann bei dir bleiben.

Vielleicht hast du auch mit einem Schulkameraden oder Bekannten Probleme. Versuche doch einmal – aber nur wenn das für dich in Ordnung ist – dieser Person einen Rosenquarz zu geben. Sicher ist dieser Mensch mit sich nicht zufrieden, ansonsten könnte er dich so sein lassen, wie du bist. So gibst du ihm dein Friedensangebot. Manchmal kann so eine neue, schöne Freundschaft entstehen.

RUTIL

Entstehung: primär
Kristallstruktur: tetragonal
Farbe: kupferrot, golden

Die Vision

Hallo, ich grüße dich. Ich bin Rutil. Häufig findest du mich von Quarz umhüllt, dann bin ich Rutilquarz. Nun lasse ich mich auch ohne Quarz finden, bin dann aber sehr empfindlich. Meine Strahlen sind wie goldene Sonnenstrahlen, die dich verzaubern. Hast du etwas Zeit? Dann setze dich ganz ruhig hin und lasse mein Licht auf dich wirken.

Was wünschst du dir? Was benötigst du für deine Freiheit? Gerade wenn du dich in einer düsteren Stimmung befindest, wenn du erkältet und krank bist, mit viel Husten, braucht dein Körper deine Vorstellung und deine Vision. Das heißt, male dir aus, was du gerne hast und brauchst, um dich in deinem Körper glücklich und zufrieden zu fühlen. Lasse dich richtig auf dieses Empfinden ein, genieße es und mache es für dich so groß wie es dir Spaß macht.

Weißt du, am besten trägst du mich als Rutilquarz auf deiner Brust. Mein goldenes Licht füllt deinen Brustkorb aus und gibt dir Weite und Kraft. Dadurch kommt deine Energie wieder ins Fließen und alles wird wieder besser für dich.

◆

SMARAGD

Entstehung: tertiär, seltener primär
Kristallstruktur: hexagonal
Farbe: smaragdgrün, grasgrün oder graugrün

Der Zieleinlauf

Hallo, sei herzlich gegrüßt! Ich heiße Smaragd. Hast du dir schon einmal bestimmte Aufgaben oder Ziele gesteckt – und als du diese dann erreicht hast, fühltest du dich gar nicht so wie erwartet? Hast du dir dann sofort etwas anderes gesucht oder warst du einfach nur unglücklich? – Lasse uns eine Geschichte erleben:

Stellen wir uns eine Aufgabe vor. Du möchtest gerne an einem Rennen teilnehmen. Dafür benötigst du viel Raum, denn du brauchst ein passendes Umfeld und Unterstützung von anderen Menschen. Du brauchst Zeit zum Trainieren und viel Energie, die dir hilft, daß du auch dabei bleibst und gute Ergebnisse erzielst. Nun, nach einer gewissen Zeit ist nun der Tag des Rennens da. Du hast ganz viel Energie, die du freisetzt, und läufst los. Nach dem Zieleinlauf ist deine Begeisterung groß und du findest vielleicht noch nicht einmal passende Worte dafür. Doch dann, wenn alles vorüber ist, kommt es manchmal vor, daß ihr Menschen in eine Krise kommt. Du weißt vielleicht gar nicht, was du nun mit all der Zeit und mit dir selbst anfangen sollst. Und so stürzt du dich auf die nächste Aufgabe, oder du fühlst dich einfach total unzufrieden.

Bitte, lasse mich dein Begleiter werden. Ich helfe dir, daß du deinen Zieleinlauf genießen kannst. Daß du das loslassen kannst, was eine gewisse Zeit lang deine ganze Aufmerksamkeit benötigt hat. Die Ruhe danach kann sich dann für dich ganz toll anfühlen. Du hast es dir verdient! Lasse uns das gemeinsam genießen.

SODALITH

Entstehung: primär
Kristallstruktur: kubisch
Farbe: dunkelblau, oft mit weißen Adern

Der Wanderer

Hallo, sei gegrüßt. Ihr nennt mich Sodalith. Willst du mit mir ein Stück des Weges gehen? Ich möchte dir gerne zeigen, daß man seinen Weg immer klar erkennen kann, wenn man sich selbst gut kennt.

Ich fühle mich als Wanderer in eurer Welt. Vor langer Zeit habe ich für mich festgelegt, wer ich bin und was ich brauche. Dazu gehört auch zu wissen, was nicht mehr gut für mich ist. Nun habe ich meine Wahrheit erkannt und deshalb kann ich meinen Weg ganz klar sehen und auch flott voranschreiten.

Daraus ergibt sich meine Hilfe, die ich dir anbieten möchte. Als erstes solltest du dir die Ruhe gönnen und für dich selbst herausfinden, was du an Gewohnheiten für deinen weiteren Lebensweg nicht mehr benötigst. Dann lege für dich fest, was du brauchst. Du erkennst mit der Zeit deine Wahrheit. Dadurch wirst du so selbstbewußt und stark, daß du auf deinem Lebensweg viel besser vorankommst.

Fühle dich als Wanderer in deinem Leben. Du wirst immer wieder einmal eine Pause einlegen oder Zwischenziele erreichen. Lasse uns deinen Weg eine Zeit lang als Partner erleben.

◆

SONNENSTEIN

Entstehung: primär
Kristallstruktur: triklin
Farbe: orange-braun glitzernd

Die innere Sonne

Hallo, ich heiße Sonnenstein und ich wünsche dir ein strahlendes Lächeln. Wenn du mich betrachtest, so kannst du in mir entdecken, daß ich einen Teil der Sonne eingefangen habe. Es ist für dich sicher eine Wohltat, mich mit deinen Augen wahrzunehmen. Wenn du mich trägst, so gebe ich dir einen Teil der inneren Wärme ab.

Fühlst du dich manchmal einsam und hast das Gefühl, daß es anderen besser geht als dir? Vielleicht bist du unglücklich, weil du dich in einer Situation befindest, die dir gar nicht gefällt. Dann sehnst du dich nach etwas anderem, das besser oder schöner ist. Bitte lasse mich dein Begleiter werden. Ich möchte dir sehr gerne zur Seite stehen und dir helfen.

Sieh, auch du hast einen Teil der Sonne in dir. Du weißt vielleicht im Moment nicht wo, aber ich zeige dir gerne den Weg dorthin. Du bist genau am richtigen Ort und hast für dich die beste Möglichkeit gewählt, damit du in deinem Leben etwas lernen kannst. Ich möchte dir helfen, daß du dich nicht mehr hilflos fühlst, sondern daß du ganz genau entscheiden kannst, was du brauchst.

Wenn du deiner inneren Sonne wieder erlaubst, zu strahlen, dann bekommst du mehr Lebensmut und kannst dich an deinen Platz hinstellen und sagen: »Sieh her, hier bin ich!« Was du dafür benötigst, ist alles bereits in dir enthalten, du mußt es nur noch zulassen. Und gemeinsam können wir das erreichen. Bist du einverstanden? Dann also, auf die Plätze, fertig – und strahlen …

TURMALIN

Entstehung: primär
Kristallstruktur: trigonal
Farbe: alle Farben

Eine Reise durch die Welt der Farben

Hallo, ich grüße dich. Ich gehöre zur Familie der Turmaline. Uns gibt es in unzähligen Farben, und aus diesem Grund möchte ich dich zu einer Farbenreise einladen. Lege dich also bequem hin, so wie du es im Einführungsteil zu den Meditationen nachlesen kannst.

Schließe deine Augen und beobachte deinen Atemrhythmus. Spüre deinen Körper und lasse alles los, was dich bedrückt. Du wirst ganz ruhig und entspannt.

Du gehst in ein Haus und da steht die Lifttüre offen. Du gehst hinein und drückst den Turmalin-Knopf. Du kannst beobachten, wie sich über dir der Lift öffnet. Du spürst die Bewegung des Liftes, wie er dich nach oben trägt.

Du wirst von Schwarz umhüllt, aber du fühlst dich absolut wohl und frei. Du kannst die Anwesenheit von allen Farben spüren, es ist für deinen Körper eine wunderbare Dusche, denn er kann sich überall die Farbe herausnehmen, die er braucht. Du spürst dich vollkommen.

Der Lift trägt dich ein Stockwerk höher. Du wirst von tiefem Rot umhüllt. Oh, hier spürst du die Aktivität, dir wird richtig schön warm. Es macht Freude, sich in diesem Raum aufzuhalten und du kannst vor Glück lachen. Ja, so ein Rot macht so richtig lebenslustig und erfüllt dich mit viel Tatendrang.

Nun geht die Reise weiter. Bist du schon gespannt auf die nächste Farbe? Du wirst von einem unglaublichen Orange umhüllt. Du fühlst dich sehr kreativ und du freust dich auf den Kontakt mit anderen Wesen. Hier bist du nicht alleine – vielleicht bekommst du auch eine wichtige Botschaft!

Du wirst ein Stockwerk weiter gebracht, nun umschließt dich ein kräftiges Gelb. Du fühlst dich gut hier, die Energie erinnert dich an die Sonne und du

fühlst dich gestärkt. Dir kommen viele Gedanken darüber, was du noch unternehmen kannst. Du spürst deine Mitte und kannst aufnehmen, was auf dich zukommt.

Was kommt wohl als nächstes? Wunderbar, du wirst von einem kräftigen Grün umhüllt! Zum einen spürst du hier Hoffnung in dir aufsteigen, zum anderen merkst du, hier kannst du loslassen, was für dich nicht mehr in Ordnung ist. Der Körper erhält hier eine gute Entlastung.

Der Lift bringt dich in die nächste Farbetage. Ja, wie wunderbar: Du wirst von einem schönen Indigoblau umhüllt. Du kannst tief durchatmen. Erstaunlich, wie ruhig du hier einfach einmal sein kannst. Keine Hektik oder störenden Gedanken. Tiefer Frieden erfüllt dich.

Nun kommt das letzte Stockwerk an die Reihe. Du kommst in den Raum der rosa Farbe. Die Herzlichkeit hier ist eine große Wohltat für dich und dein Herz. Du fühlst dich mit dir im Reinen und kannst dich so annehmen wie du bist.

Ja, du hast dein Reiseziel erreicht und durftest durch die Farbenwelt der Turmaline fließen. Du bist hier jederzeit willkommen und kannst auch nur eine einzelne Farbe aufsuchen.

Nun gehe zurück in deinen Körper, spüre deine Hände und Füße, deine Umgebung, und wenn du wieder ganz da bist, dann öffne deine Augen.

♦

ZOISIT

Entstehung: tertiär
Kristallstruktur: rhombisch
Farbe: grün, braun

Die Regeneration

Hallo, ich grüße dich ganz herzlich. Ich heiße Zoisit. Ich werde häufig zur Regeneration und Erholung empfohlen.

Wenn du mich betrachtest, so fühlst du dich vielleicht in die Natur versetzt. Stelle dir vor, wie du dich in einen Wald begibst, wo junge Bäume um dich herum in die Höhe wachsen. Sieh dir dieses Farbenspiel von Licht und Schatten an. Genieße die Ruhe und den Frieden, den dieser Ort ausstrahlt.

Es gibt verschiedene Möglichkeiten, mit Krankheit umzugehen. Wenn du krank bist, ist es sicher wichtig, daß du deinem Körper als erstes eine Pause gönnst. Doch wenn die Krankheit vorüber ist, kann es vorkommen, daß du große Mühe hast, wieder aktiv zu werden. Es fehlen dir der Antrieb und die Kraft, wieder aus dir herauszukommen. Da möchte ich dich gerne unterstützen.

Meine Hilfe an dich besteht darin, daß ich deinem Körper den Impuls gebe, alles Belastende loszulassen und wieder stark zu werden. Dabei wird das Zusammenspiel aller deiner Zellen angeregt und deshalb fühlst du dich mit meiner Unterstützung nach einiger Zeit wieder fit. Das Gleiche spielt sich auf der Ebene deiner Gefühle ab. Auch hier rege ich dich dazu an, daß du loslassen kannst, was dich belastet oder krank macht. Danach fühlst du dich viel wohler und es ist für dich einfacher, dich wieder deinem Umfeld zu stellen und wieder voll da zu sein.

♦

Eine kleine Anmerkung zum Schluß

Mit diesen kurzen Erzählungen der Steine möchte ich dir die Türe öffnen und dich einladen, deinen Weg mit den Steinen bewußt zu erleben.

Es gibt noch unglaublich viel mehr, was dir die Steine persönlich vermitteln können. Lasse dich ein in dieses Spiel des Lebens.

Diese Geschichten sind nur ein kleiner Teil der wunderbaren Möglichkeiten jedes einzelnen Steins. Sie sind dafür gedacht, etwas von ihrem innersten Sein zu vermitteln.

Falls du Fragen zu den Steinen hast, so kannst du dich an mich wenden, ich werde dir gerne antworten.

Ursula Dombrowsky

Ursula Dombrowsky, Hasenbüelstrasse 4, CH-8625 Gossau (ZH)
E-Mail: ursula@dombrowsky.ch

Danksagung

Dieses Buch konnte nur durch den Beitrag von zahlreichen liebevollen Menschen und Helfern entstehen. Vielen Dank euch allen. Daß ich die Steine auf so schöne Art und Weise erleben durfte, erfüllt mich mit großer Achtung.

Mein besonderer Dank geht an:

Michael Gienger; durch sein Wissen hat er mich in die faszinierende Welt der Steine eingeführt. Er hat meine Idee für dieses Buch unterstützt und gefördert. Als Lektor war er mir eine große Hilfe und hat den Geschichten den letzten Schliff gegeben.

Andreas Lentz, meinem Verleger, Fred Hageneder für die grafische Gestaltung, Anja Gienger für die künstlerische Begleitung, sowie den FotografInnen Ines Blersch, Claire Herrmann, Karola Sieber, Wolfgang Dengler und Dr. Werner Hahn – ihnen allen gilt mein Dank für die wunderschöne Gestaltung dieses Buchs.

Meiner Familie; danke, daß ihr mir den Raum und die Zeit gelassen habt, um meine Idee zu verwirklichen. Ihr habt mir zugehört und mich zu neuen Themen angeregt. So konnten weitere Geschichten entstehen.

Und zum Schluß möchte ich mich auch für die vielen aufmunternden und motivierenden Worte von lieben Menschen aus der Steinheilkunde-Ausbildung bedanken.

Fotonachweis

Seite 8: Dr. Werner Hahn, Waldenbucher Str. 59, 72135 Dettenhausen
Seite 19, 78, 100, 104: Ines Blersch, Rosenbergstr. 50/1, 70176 Stuttgart
Seite 26, 32, 48: Claire Herrmann, Schönbuchstr. 20, 73666 Baltmannsweiler
Seite 84: Karola Sieber, Riesenwaldstr. 6, 77797 Ohlsbach
Alle weiteren: Wolfgang Dengler, In der Misse 9, 72224 Ebhausen

Cairn Elen

»Nachdem Elen ihre Wanderung durch die Welt vollendet hatte, setzte sie einen Cairn ans Ende des Sarn Elen. Dann wandte sich ihr Weg zurück ins Land zwischen Abend und Morgen. Aus diesem Cairn stammen alle Steine, die bis heute an den Kreuzungen der Wege die Richtung weisen.«[1]

(aus einer keltischen Sage)

»Cairn Elen« – so werden im gälischen Sprachraum die alten Steinsetzungen am Wegesrand genannt. Sie markieren die geistigen Pfade, sowohl die Pfade der Erde als auch die Pfade des Wissens.

Diese Pfade geraten zunehmend in Vergessenheit. So wie die alten Pfade der Erde unter modernen Asphaltstraßen verschwinden, so verschwindet auch manch altes Wissen unter der Datenflut moderner Erkenntnisse. Wunsch und Anspruch der Edition Cairn Elen ist es daher, Wissen aus alter Zeit zu bewahren und mit modernen Erkenntnissen zu verbinden – für eine blühende Zukunft!

Die Edition Cairn Elen im Neue Erde Verlag wird von Michael Gienger herausgegeben. Ziel der Edition ist es, bislang unveröffentlichtes Wissen aus Forschung und Tradition vorzustellen. Schwerpunkte sind Natur, Heilkunde und Gesundheit sowie Bewußtsein und geistige Freiheit.

Neben aktueller Fachliteratur werden im Rahmen der Edition Cairn Elen auch Erzählungen, Märchen, Romane, Lyrik und künstlerische Veröffentlichungen publiziert. Das vermittelte Wissen wendet sich nicht nur an den Kopf, sondern auch an das Herz der Menschen.

Kontakt: Edition Cairn Elen, Michael Gienger, Stäudach 58/1, D-72074 Tübingen Tel: 070 71-364 719, Fax: 070 71-388 68 e-mail: info@cairn-elen.de, Internet: www.cairn-elen.de

---

[1] kelt. »cairn [sprich: kärn]« = »Stein«, »sarn« = »Weg«, »Elen, Helen« = »Göttin der Wege«

Weitere Bücher in unserem Programm

Michael Gienger
Die Steinheilkunde
Das erste Handbuch, das die Steinheilkunde als eigenständige Heilweise vorstellt und mit den o. g. Prinzipien einen Schlüssel bietet, mit dem jede/r selbst die Wirkungsweise eines Steins aus dessen mineralogischen Eigenschaften ableiten kann.
420 Seiten, Paperback oder Hardcover

Michael Gienger
Lexikon der Heilsteine
Das derzeit umfangreichste farbig bebilderte Nachschlagewerk der Steinheilkunde. Mehr als 450 Gesteine, Mineralien und Varietäten werden präzise in ihren mineralogischen und heilkundlichen Eigenschaften beschrieben. Eine gut verständliche Einführung sowie ein umfangreicher Index runden das Werk ab.
576 Seiten, Hardcover

Michael Gienger
Die Heilsteine Hausapotheke
Hier gesucht, heißt schnell gefunden! In diesem zuverlässigen, praxiserprobten Ratgeber werden über 230 Erkrankungen bzw. seelische Beschwerden besprochen sowie die Möglichkeiten und Grenzen ihrer steinheilkundlichen Therapie erläutert.
224 Seiten, Paperback

Michael Gienger/Luna S. Miesala-Sellin
Stein und Blüte
Das Ganze ist mehr als die Summe der Teile – das zeigt sich auch in der Ergänzung von Bachblüten und Heilsteinen: Wo Vergänglichkeit und Beständigkeit sich begegnen, entsteht etwas neues – der spontane Moment der Heilung!
224 Seiten, Paperback

Michael Gienger
Die Edelsteinuhr
Kraft und Gesundheit im Einklang mit dem Tagesrhythmus. Die Organuhr als Hilfe zur Gesundheitsvorsorge. Edelsteine als Hilfe, Gesundheit zu stabilisieren und den Lebensrhythmus zu harmonisieren.
160 Seiten, Paperback

Michael Gienger/Gisela Glaser
SALZ – Nahrungsmittel, Heilmittel oder Gift?
Heilmittel oder Gift? Nach jahrelanger Verteufelung ist Salz als Heilmittel plötzlich massiv im Trend. Michael Gienger und Gisela Glaser sind dem auf den Grund gegangen und bieten hier nun endlich korrekte Informationen über Herkunft, Abbau, Heilkraft, Wirkungen und Anwendungen von Salz.
128 Seiten, Paperback

Sie finden unsere Bücher in Ihrer Buchhandlung oder im Internet unter **www.neueerde.de**
Bücher suchen unter: **www.buchhandel.de** (hier finden Sie alle lieferbaren Bücher und eine Bestellmöglichkeit über eine Buchhandlung Ihrer Wahl).

Bitte fordern Sie unser Gesamtverzeichnis an unter

NEUE ERDE Verlag · Cecilienstr. 29 · D-66111 Saarbrücken
Fax: 0681/3904102 · info@neueerde.de

NEUE ERDE